인생이 즐거워지고 비즈니스가 풍요로워지는
SNS소통연구소 교육 소개

현재 전국에 수백 명의 스마트폰 활용지도사 자격증을 취득한 뉴미디어 마케팅 전문 강사들이 강사로 활동 중에 있습니다.

- **스마트폰 활용지도사 2급 및 1급 자격증**
  스마트폰 기본 활용부터 스마트폰 UCC, 스마트폰 카메라, 스마트워크, 스마트폰 마케팅 교육 등 스마트폰 전문강사를 양성하고 있습니다.

- **유튜브 크리에이터 전문지도사 2급 및 1급 자격증**
  유튜브 기본 활용부터 실전 유튜브 마케팅까지 실질적으로 도움이 되고 돈이 되는 교육을 실시하고 있습니다.

- **SNS마케팅 전문지도사 2급 및 1급 자격증**
  다양한 SNS채널을 활용해서 고객을 유혹하고 매출을 증대시킬 수 있는 실전 노하우와 SNS마케팅 효과를 극대화하기 위한 광고 전략 구축 노하우 교육을 하고 있습니다.

- **프리젠테이션 전문지도사 2급 및 1급 자격증**
  기업체에서 발표자료를 만들거나 제안서를 만들 때 꼭 알고 활용해야 할 프리젠테이션 제작 노하우를 중점적으로 교육하고 있습니다.

- **스마트워크 전문지도사 2급 및 1급 자격증**
  스마트폰 및 SNS를 활용해서 실전에 꼭 필요한 기능과 업무효율을 높일 수 있는 노하우에 대해서 교육을 진행하고 있습니다.

- **디지털문해교육 전문지도사 2급 및 1급 자격증**
  디지털문해교육 전문지도사가 초등학교부터 대기업 임원을 포함한 퇴직 예정자들까지 디지털 기술 활용에 대한 교육을 진행할 수 있도록 교육하고 있습니다.

- **디지털범죄예방전문지도사**
  4차 산업혁명시대! 디지털리터러시 시대에 어린아이들부터 성인들에게 이르기까 각종 디지털범죄로 인해 입을 피해를 방지하고자 교육합니다.

- **AI 챗GPT 전문지도사 2급 및 1급 자격증**
  디지털 대전환시대에 누구나 배우고 익혀야 할 AI챗GPT 각 분야별 전문 강사를 양성하고 있습니다.

SNS소통연구소는

2010년 3월부터 **뉴미디어 마케팅 교육(스마트폰, SNS 마케팅, 유튜브 크리에이터, 프리젠테이션, 컴퓨터 활용 등)**을 진행하고 있으며 4,000여명의 스마트폰 활용지도사를 양성해오고 있습니다. 현재 전국 70개의 지부 및 지국을 운영하고 있습니다.

교육 문의 **02-747-3265 / 010-9967-6654**
이 메 일 **snsforyou@gmail.com**

책을 내면서...

대한민국 국민 **5,175만 명!**
스마트폰 개통대수 **5,900만 대!**

이번에 출간하는 책은 15년 동안 뉴미디어 마케팅 교육(스마트폰, SNS마케팅 등)을 해오고 있는 SNS소통연구소에서 시니어 실버 분들의 즐거운 인생을 위해 시니어 실버가 보기 편하게 제작한 책입니다.

책 크기도 A4 크기이고 글자 크기도 13포인트로 제작해 시니어 실버 분들이 책을 보는 데 있어 매우 편하게 되어 있습니다.

SNS소통연구소는 15년 동안 시니어 실버들의 스마트폰 활용 교육을 하면서 꼭 필요한 스마트폰 활용 기능이 무엇인지 누구보다도 잘 알고 있습니다.

따라서 SNS소통연구소에서 발행한 이 책은 스마트폰 활용을 잘못하시는 시니어 실버 분들에게 훌륭한 스마트폰 기본 활용의 지침서가 될 것입니다.

스마트폰 기초 편, 중급 편, 고급 편 3종의 시리즈로 제작되어 있는 이 책은 수준별로 선택해서 보실 수 있습니다.

'어르신들을 위한 스마트폰 기초 교실' 편에서는 스마트폰 기본 활용, 카메라 활용, 인공지능 서비스, 유튜브 활용, 키오스크 활용, 디지털 범죄, AI챗GPT활용 등에 대해서 다루고 있습니다.

'어르신들을 위한 스마트폰 중급 교실' 편에서는 이미지 합성 앱 활용하기, 카드뉴스 만들기, 인공지능 카메라 필터 및 보정 앱 활용하기, UCC 영상 편집 등에 대해서 다루고 있습니다.

전국에서 스마트폰 활용 교육을 하고 계시는 스마트폰 강사님들도 이 책을 스마트폰 활용 교육 시 교재로 사용하시면 강사님과 수강생분들에게 많은 도움이 되실 거라 자부합니다.

SNS소통연구소는 2010년도부터 스마트폰 활용 교육을 전문적으로 해오고 있습니다. 스마트폰 교육 전문가를 양성하기 위해서 국내 최초로 스마트폰 강사 자격증인 **[스마트폰 활용지도사]** 교육을 통해 현재까지 4,000명 이상 되는 분들을 양성했습니다.

자격을 취득하고 훈련을 통해 전문가로 거듭난 **[스마트폰 활용지도사]** 선생님들은 전국 각 기관 및 단체에서 왕성히 활동하고 있습니다.

이번 책 구성도 전국에서 강의하는 스마트폰 활용지도사 선생님들의 교육 커리큘럼을 참고해서 탄생하게 된 것입니다.

필요로 하는 전부를 담아내지는 못했지만 그래도 이번 책을 통해 스마트폰 활용 교육 강사님들이나 수강생들 모두에게 도움이 되었으면 좋겠습니다.

SNS소통연구소가 항상 강조하고 있는 **"스마트폰 제대로 배우고 익히면 인생이 즐거워지고 비즈니스가 풍요로워집니다!"**를 대한민국 국민 모두가 공감하고 제대로 스마트폰 활용을 하셨으면 하는 바람이 간절합니다.

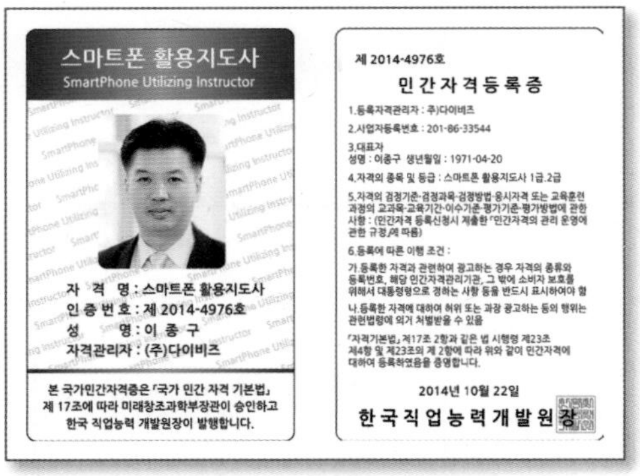

스마트폰 활용지도사
SmartPhone Utilizing Instructor

자 격 명 : 스마트폰 활용지도사
인 증 번 호 : 제 2014-4976호
성 명 : 이 종 구
자격관리자 : (주)다이비즈

본 국가민간자격증은 「국가 민간 자격 기본법」 제 17조에 따라 미래창조과학부장관이 승인하고 한국 직업능력 개발원장이 발행합니다.

제 2014-4976호

민간자격등록증

1.등록자격관리자 : 주)다이비즈
2.사업자등록번호 : 201-86-33544
3.대표자
성명 : 이종구 생년월일 : 1971-04-20
4.자격의 종목 및 등급 : 스마트폰 활용지도사 1급.2급
5.자격의 검정기준·검정과목·검정방법·응시자격 또는 교육훈련 과정의 교과목·교육기간·이수기준·평가기준·평가방법에 관한 사항 : (민간자격 등록신청시 제출한 「민간자격의 관리 운영에 관한 규정」에 따름)
6.등록에 따른 이행 조건 :
가.등록한 자격과 관련하여 광고하는 경우 자격의 종류와 등록번호, 해당 민간자격관리기관, 그 밖에 소비자 보호를 위해서 대통령령으로 정하는 사항 등을 반드시 표시하여야 함
나.등록한 자격에 대하여 허위 또는 과장 광고하는 등의 행위는 관련법령에 의거 처벌받을 수 있음
「자격기본법」 제17조 2항과 같은 법 시행령 제23조 제4항 및 제23조의 제 2항에 따라 위와 같이 민간자격에 대하여 등록하였음을 증명합니다.

2014년 10월 22일

한국직업능력개발원장

● 스마트폰 활용지도사 자격증에 대해서 아시나요?

과학기술정보통신부가 검증하고 한국직업능력개발원이 관리하는 스마트폰 자격증 취득에 관심 있으신 분들은 살펴보세요.

상담 문의

이종구 010-9967-6654
E-mail : snsforyou@gmail.com
카톡 ID : snsforyou

스마트폰 활용지도사 1급

• 해당 등급의 직무내용

초/중/고/대학생 및 성인 남녀노소 누구에게나 스마트폰 활용교육 및 SNS 기본 교육을 실시할 수 있습니다.
개인 및 소기업이 브랜딩 전략을 구축하는 데 있어 저렴한 비용을 들여 브랜딩 및 모바일 마케팅 전략을 구축할 수 있도록 필요한 교육을 할 수 있습니다.

스마트폰 활용지도사 2급

• 해당 등급의 직무내용

시니어 실버분들에게 스마트는 활용교육을 실시할 수 있습니다. 개인 및 소기업이 모바일 마케팅 전략을 구축하는데 있어 기본적인 교육을 할 수 있습니다. 1인 기업 및 소기업이 스마트워크 시스템을 구축하는 데 제반 사항을 교육할 수 있습니다.

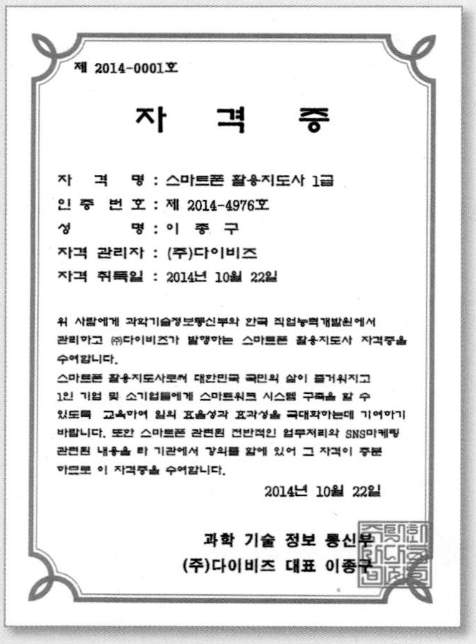

제 2014-0001호

자 격 증

자 격 명 : 스마트폰 활용지도사 1급
인 증 번 호 : 제 2014-4976호
성 명 : 이 종 구
자격 관리자 : (주)다이비즈
자격 취득일 : 2014년 10월 22일

위 사람에게 과학기술정보통신부와 한국 직업능력개발원에서 관리하고 ㈜다이비즈가 발행하는 스마트폰 활용지도사 자격증을 수여합니다.
스마트폰 활용지도사로써 대한민국 국민의 삶이 즐거워지고 1인 기업 및 소기업들에게 스마트워크 시스템 구축을 할 수 있도록 교육하여 일의 효율성과 효과성을 극대화하는데 기여하기 바랍니다. 또한 스마트폰 관련된 전반적인 업무처리와 SNS마케팅 관련된 내용을 타 기관에서 강의를 함에 있어 그 자격이 충분하므로 이 자격증을 수여합니다.

2014년 10월 22일

과학 기술 정보 통신부
(주)다이비즈 대표 이종구

시험 응시료 : 3만원
자격증 발급비 : 7만원

- 일반 플라스틱 자격증
- 종이 자격증 및 우단 케이스 제공
- 스마트폰 활용지도사 강의자료 제공비 포함

- **시험 일시 :** 매월 둘째 주, 넷째 주 일요일 5시부터 6시까지 1시간
- **시험 과목 :** 2급 – 스마트폰 활용 분야 / 1급 – 스마트폰 SNS마케팅
- **합격점수**
  1급 – 80점 이상(총 50문제 각 2점씩, 100점 만점에 80점 이상)
  2급 – 80점 이상(총 50문제 각 2점씩, 100점 만점에 80점 이상)

시험대비 공부방법

❶ 스마트폰 활용지도사 2급 교재 구입 후 공부하기
❷ 정규수업 참여해서 공부하기
❸ 유튜브에서 [스마트폰 활용지도사] 채널 검색 후 관련 영상 시청하기

시험대비 교육일정

❶ 매월 정규 교육을 SNS소통연구소 전국 지부에서 실시하고 있습니다.
❷ 스마트폰 활용지도사 **SNS소통연구소 블로그 (blog.naver.com/urisesang71)** 참고하기
❸ 디지털콘텐츠 그룹 사이트 참조**(digitalcontentgroup.com)**
❹ NAVER 검색창에 **(SNS소통연구소)**라고 검색하세요!

스마트폰 활용지도사 자격증 취득 시 혜택

❶ SNS 상생평생교육원 스마트폰 활용 교육 강사 위촉
❷ SNS소통연구소 스마트폰 활용 교육 강사 위촉
❸ 스마트 소통 봉사단에서 교육받을 수 있는 자격부여
❹ SNS 및 스마트폰 관련 자료 공유
❺ 매월 1회 세미나 참여 (정보공유가 목적)
❻ 향후 일정 수준이 도달하면 기업제 및 단체 출강 가능
❼ 그 외 다양한 혜택 수여

SNS소통연구소 **자격증 교육 교재 리스트**

디지털 교육 강사들의 필수 지침서
스마트폰 활용지도사 2급 교재

SNS마케팅 교육 전문가 양성 과정 책
스마트폰 활용지도사 1급 교재

스마트폰 기본 활용 교육의 정석
기초부터 고급활용, UCC, 키오스크 외 다양한 활용 법

UCC제작과 유튜브크리에이터 양성을 위한 책
유튜브크리에이터전문지도사 2급 교재

스마트한 강사를 위한 길라잡이
프리젠테이션전문지도사 2급 교재
컴퓨터활용전문지도사 2급 교재

누구나 쉽게 따라하는 AI 챗GPT
스마트폰에서 활용하는 AI 서비스 활용
AI 챗GPT전문지도사 2급 교재

SNS소통연구소 주요 사업 콘텐츠

뉴미디어 마케팅 교육 문의

- 스마트폰 활용
- SNS마케팅
- 유튜브크리에이터
- 프리젠테이션
- 컴퓨터 활용 등
- 디지털범죄예방
- AI 챗GPT 활용

● **SNS소통연구소**(직통전화)
010-9967-6654

● **디지털콘텐츠그룹**(직통전화)
02-747-3265

SNS소통연구소 지부 및 지국 활성화

- 2010년 3월부터 교육을 시작한 SNS소통연구소는 현재 전국에 70개의 지부 및 지국을 운영 중

스마트폰 활용지도사
(국내 최초! 국내 최고!)

- 2014년 10월 스마트폰 활용지도사 민간 자격증 취득
- 2급과 1급 과정을 운영 중이며 현재 4,000여 명 이상 지도사 양성

실전에 필요한 전문 교육
(다양한 분야 실전 교육 중심)

- 일반 강사들에게도 꼭 필요한 전문 교육을 실시함 (SNS마케팅, 스마트워크, 프리젠테이션, 컴퓨터 활용 등)

SNS소통연구소 출판사

- 2011년 11월부터 SNS소통연구소 출판사 운영
- 스마트폰 활용 및 SNS마케팅 관련된 책 49권 출판
- 강사들에게 필요한 다양한 분야의 책을 출간 진행 중

지역사회 발전을 위해 사회복지사처럼

스마트폰 활용지도사가 필요합니다!

● **사회복지사란?**

청소년, 노인, 가족, 여성, 장애인 등 사회적 약자에 대한 복지 정책 및 공공 복지 서비스가 증대함에 따라 사회적인 문제로 어려움을 겪는 이들을 돕는 직업

● **스마트폰 활용지도사란?**

개인이 즐거운 인생을 살아가는 데 도움을 드리고 소상공인들에게 풍요로운 비즈니스를 할 수 있도록 도움을 드리는 직업으로 스마트폰 활용지도사가 디지털 문맹 퇴치 운동에 앞장서고 즐거운 대한민국을 만들어가는데 초석이 되었으면 합니다.

SNS소통연구소 **전국 지부 봉사단 현황**

서울/경기북부	울산지부	부산지부
스마트 소통 봉사단	**스폰지**	**모바일**
2018년 6월부터 매주 수요일 오후 2시부터 5시까지 스마트폰 활용지도사들이 소통대학교에 모여서 강사 트레이닝을 목적으로 운영되고 있음 (기관 및 단체 재능기부 교육도 진행)	매월 정기모임을 통해서 스마트폰 활용지도사의 역량개발과 지역주민들을 위해 스마트폰 활용 교육 봉사활동 진행	모든 것이 바라는 대로 이루어집니다! 매월 정기모임을 통해서 스마트폰 활용지도사의 역량개발과 지역주민들을 위해 스마트폰 활용 교육 봉사활동 진행
제주지부	**경북지부**	**경기북부**
제스봉	**스소사**	**펀펀 스마트 봉사단**
제주도 스마트폰 봉사단 매월 정기모임을 통해서 스마트폰 활용지도사의 역량개발과 지역주민들을 위해 스마트폰 활용 교육 봉사활동 진행	'스마트하게 소통하는 사람들' 경북지부 스마트폰 봉사단 매월 정기모임을 통해서 스마트폰 활용지도사의 역량개발과 지역주민들을 위해 스마트폰 활용 교육 봉사활동 진행	'배우면 즐거워져요~' 경기북부 스마트폰 봉사단 매월 정기모임을 통해서 스마트폰 활용지도사의 역량개발과 지역주민들을 위해 스마트폰 활용 교육 봉사활동 진행
경기동부	**경기서부**	**대구지부**
스마트 119 봉사단	**스마트 위드유**	**스마트 소통 약방**
'스마트한 사람들이 모여 지역주민들의 스마트한 인생을 도와드리는 봉사단' 매월 정기모임을 통해서 스마트폰 활용지도사의 역량개발과 지역주민들을 위해 스마트폰 활용 교육 봉사활동 진행	매월 정기모임을 통해서 스마트폰 활용지도사의 역량개발과 지역주민들을 위해 스마트폰 활용 교육 봉사활동 진행	매월 정기모임을 통해서 스마트폰 활용지도사의 역량개발과 지역주민들을 위해 스마트폰 활용 교육 봉사활동 진행

SNS소통연구소

(2024년도 1월 기준) **출판 리스트 49권**

SNS소통연구소 **베스트셀러!**

SNS소통연구소

전국 지부 및 지국 현황

지부	지국
서울 (지부장-소통대)	강남구 (지국장-최영하), 강서구 (지국장-문정임), 관악구 (지국장-손희주), 강북구 (지국장-명다경), 강동구 (지국장-윤진숙), 노원구 (지국장-전윤이), 동작구 (지국장-최상국), 도봉구 (지국장-오영희), 마포구 (지국장-김용금), 송파구 (지국장-문윤영), 서초구 (지국장-조유진), 성북구 (지국장-조선아), 양천구 (지국장-송지열), 영등포구 (지국장-김은정), 용산구 (지국장-김수영), 은평구 (지국장-노승유), 중구 (지국장-유화순), 종로구 (지국장-김숙명), 금천구 (지국장-김명선)
경기북부 (지부장-이종구)	의정부 (지국장-한경희), 양주 (지국장-유은서), 동두천/포천 (지국장-김상기), 구리 (지국장-김용희), 남양주시 (지국장-정덕모), 고양시 (지국장-백종우)
경기동부 (지부장-이종구)	성남시 (지국장-노지영), 용인시 (지국장-김지태)
경기서부 (지부장-이종구)	시흥시 (지국장-윤정인), 부천시 (지국장-김남심)
경기남부 (지부장-이중현)	수원 (지국장-권미용), 이천/여주 (지국장-김찬곤), 평택시 (지국장-임계선), 안성시 (지국장-허진건), 화성시 (지국장-한금화)
인천광역시	서구 (지국장-어현경), 남동구 (지국장-장선경), 부평구 (지국장-최신만), 중구 (지국장-조미영), 계양구 (지국장-전혜정), 연수구 (지국장-조예윤)
강원도 (지부장-장해영)	강릉시 (지국장-임선강), 춘천시 (지국장-박준웅)
충청남도 (지부장-김미선)	청양/아산 (지국장-김경태), 금산/논산 (지국장-부성아), 천안시 (지국장-김숙), 홍성/예산 (지국장-김월선)
대구광역시 (지부장-임진영)	
대전광역시	중구/유성구 (지국장-조대연)
경상북도 (지부장-남호정)	고령군 (지국장-김세희), 경주 (지국장-박은숙)
전라북도 (지부장-송병연)	
전라남도 (지부장-장광완)	
광주광역시	북구 (지국장-김인숙)
부산광역시 (지부장-손미연)	사상구 (지국장-박소순), 해운대구 (지국장-배재기), 기장군 (지국장-배재기), 연제구 (지국장-조환철), 진구 (지국장-김채완), 북구 (지국장-황연주)
울산광역시 (지부장-김상덕)	동구 (지국장-김상수), 남구 (지국장-박인완), 중구 (지국장-장동희), 북구 (지국장-이성일)
제주도 (지부장-여원식)	

목차 Contents

Contents 목차

01강 스마트폰이란?

1 스마트폰(SmartPhone)

1) **스마트폰이란?**

손안의 PC(모바일 PC)로 시간과 공간의 제약 없는 지능형 스마트폰은 휴대폰 기능은 물론 TV, 동영상 제작, 카메라, 팩스, 캠코더, MP3 기능까지 갖추고 있어 '다기능 지능형 복합 단말기'라고도 불립니다. 최근에는 AI 기능에 사물 인식 기능, 번역은 물론 다양한 앱을 통해서 비즈니스에도 상용되고 있습니다.

2) 컴퓨터[운영체제]와 비슷한 모바일[운영체제]가 설치되어 있으며, 다양한 프로그램 **[애플리케이션]**을 설치하여 사용할 수 있습니다.

※ **[운영체제] : 컴퓨터의 하드웨어(기기)와 소프트웨어(프로그램)를 제어하여 사용자가 컴퓨터를 쓸 수 있게 만들어 주는 프로그램**

※ **[애플리케이션] : 앱 또는 어플이라고 말 하기도 한다. 스마트폰이나 컴퓨터에서 특정한 기능을 사용할 수 있도록 만들어진 프로그램**

3) 전화와 문자는 기본이고 음악, 카메라, 인터넷, 게임, 채팅, 사진, 영상, 메일, 날씨, 지도, 내비게이션, 일정표, 파일 공유 등 인공지능 음성 서비스까지 수많은 기능을 사용할 수 있습니다.

2 스마트폰의 특징

1) 크기가 작아 휴대하기 편합니다.
2) 사용법이 간단합니다.
3) 언제 어디서나 인터넷을 연결할 수 있습니다.
4) 와이파이(Wi-Fi)를 사용하여 무료로 인터넷을 사용할 수 있습니다.
5) 생활에 편리한 프로그램이 많아서 유용합니다.
6) 각자 분야에 맞는 앱을 사용하여 일상의 활용도가 높습니다.
7) 다양한 앱을 설치하고 삭제하기가 쉽습니다.
8) 화면구성을 원하는 대로 설정할 수 있습니다.
9) 데이터 사용량이 제한된 용량을 초과할 경우 추가 비용을 부담해야 합니다.
10) 다양한 센서 기술(카메라, 가속도 센서, GPS, 조도 센서, 근접 센서 등 운영체제 및 앱을 쉽고 빠르게 업데이트할 수 있습니다.

02강 스마트폰 운영체제, 제조사, 통신사, 디바이스 정보 알아보기

1 스마트폰의 운영체제 종류

종류	개발사	사용	점유율 (2021년 기준)
안드로이드(Android)	구글	삼성, LG	72.19%,
IOS	애플	아이폰과 아이패드	26.99%
윈도우 모바일 OS	MS(마이크로소프트)	MS의 윈도우폰	0.02%

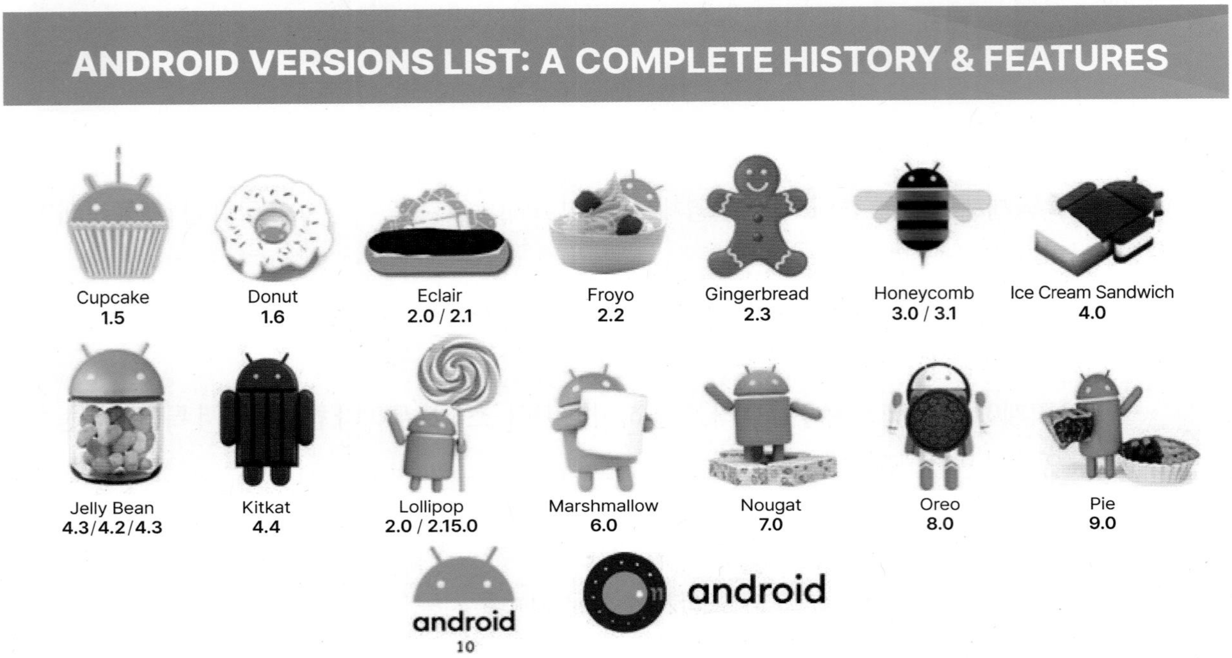

안드로이드 버전의 역사					
버 전 (Version)	코드네임 (codename)	릴리즈 날짜	버 전 (Version)	코드네임 (codename)	릴리즈 날짜
1.0	Android 1.0	2008년 9월	6.0	마시멜로	2015년 10월
1.5	컵케이크	2009년 4월	7.0	누가	2016년 8월
2.2	프레오	2010년 5월	8.0	오레오	2017년 10월
3.0	허니콤	2011년 2월	9.0	파이	2018년 8월
4.0	아이스크림 샌드위치	2011년 10월	10	퀸케이크	2019년 9월
4.4	킷캣	2013년 10월	11	레드 벨벳 케이크	2020년 9월
5.0	롤리팝	2014년 11월	12, 12L	사브리나	2021년 10월

2 제조사와 통신사 알아보기

① **제조사 :** 삼성, 애플, 샤오미, 화웨이 등(삼성전자 서비스:1588-3366)

② **통신사 :** SKT(SK텔레콤), KT(올레), LG U+

3 본인 기기 알아보기

① 제조사 : ② 통신사(요금제) : ③ 디바이스(기기) 이름 : ④ 모델번호 :

⑤ 시리얼번호 : ⑥ IMEI : ⑦ 안드로이드버전 :

4 디바이스 정보 – 모델명, 모델번호, IMEI 번호, 안드로이드 버전 찾아보기

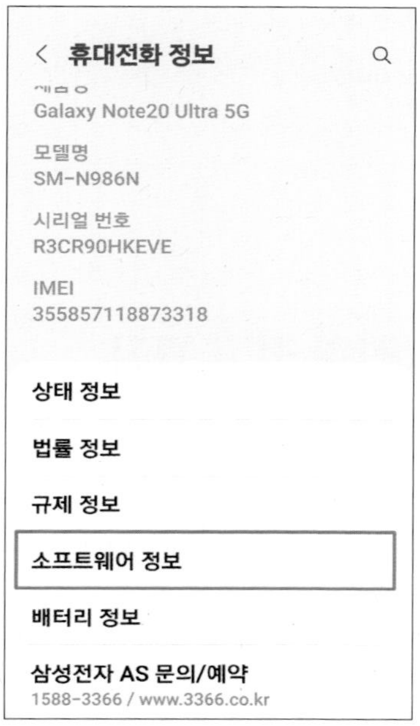

1 상단 알림바를 손가락으로 내려 **[설정]** 아이콘을 터치합니다.

2 아래로 드래그하여 **[휴대전화 정보]**를 터치합니다. 3 **[모델명]**, **[모델번호]**를 확인합니다. **[IMEI]** 번호는 고유 일련번호로 분실, 도난 단말기 조회, 알뜰폰 번호이동 가입 시 필요합니다. 분실 시 통신사 고객센터에서 IMEI 번호를 알려주고 본인 인증을 하면 위치 추적으로 스마트폰을 찾을 수 있습니다.

CHECK 리스트

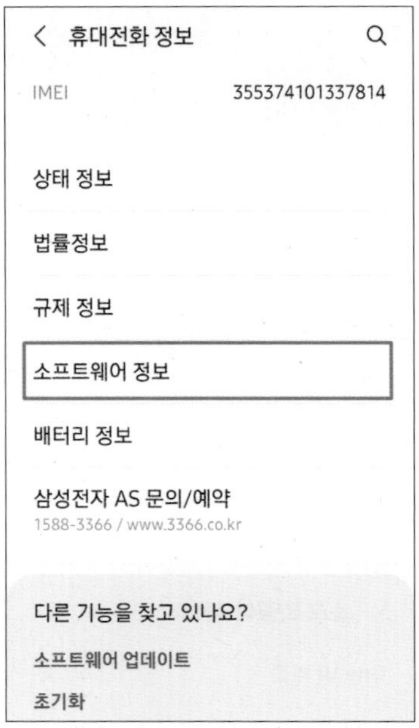

1 **[휴대전화 정보]**의 **[소프트웨어 정보]**를 터치합 니다.

2 **[One UI 버전]**과 **[안드로이드 버전]**을 확인합니다. 최신 애플리케이션을 이용하고 편의성과 보안의 강화를 위해서는 업그레이드를 꼭 해야 합니다.

03강 스마트폰 **화면 및 전원 켜고 끄기**

1 화면 켜고 / 끄기

1) 화면 켜기 : **[홈]** 버튼 또는 **[전원]** 버튼을 짧게 터치합니다.

① **잠금 미설정 시 :** 화면을 드래그합니다.

② **잠금 설정 시 :** 잠금을 해제합니다.

③ 화면을 두 번 터치합니다.

2) 화면 끄기

① **[전원]**버튼을 짧게 누릅니다.

② 화면을 두 번 터치합니다.

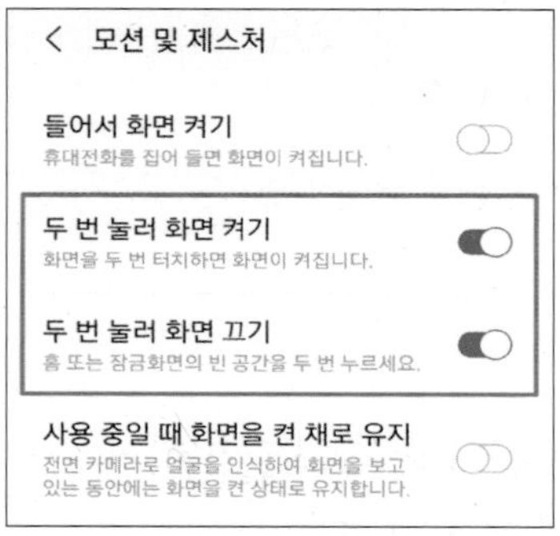

● **화면 두 번 터치 설정 :** 설정 → 유용한 기능 → 모션 및 제스처 → 두 번 눌러 화면 켜기, 두 번 눌러 화면 끄기 ON (활성화)

2 전원 켜기

: **[전원]** 버튼을 몇 초간 길게 누릅니다.

3 전원 끄기

빠른 설정창
빠른 설정창에서 아래에 표시된 버튼을 누르세요.
12:45

[상태 표시줄]을 두 번 내리면 [전원] 버튼이 나옵니다.

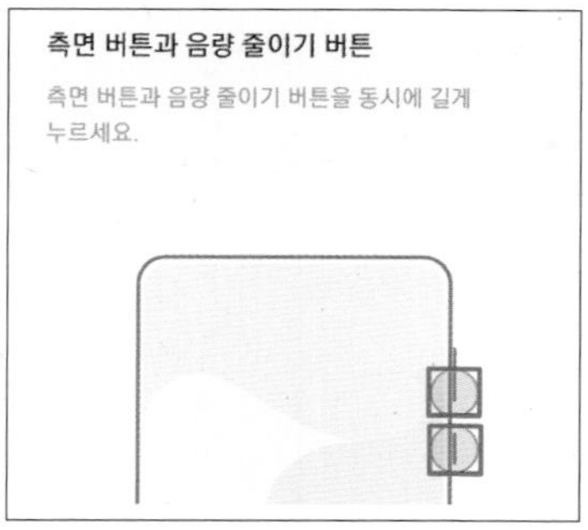
측면 버튼과 음량 줄이기 버튼
측면 버튼과 음량 줄이기 버튼을 동시에 길게 누르세요.

[측면 버튼]을 꾸욱 누르거나 [음량 줄이기 버튼]과 [측면 버튼]을 동시에 길게 누릅니다.

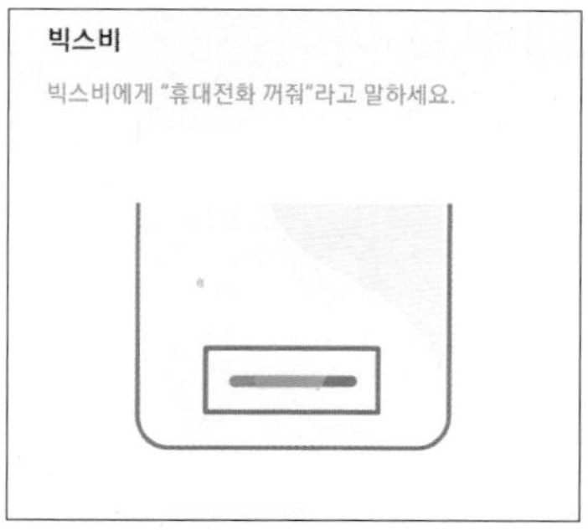
빅스비
빅스비에게 "휴대전화 꺼줘"라고 말하세요.

[빅스비]가 활성화되어 있으면 [**"휴대전화 꺼줘"**] 라고 말을 합니다.

4 다시 시작 (또는 재시작)

: [**전원**] 버튼을 길게 누르고 [**다시 시작**] 또는 [**재시작**]을 터치합니다.

04강 스마트폰 **주요 버튼과 아이콘 모양 이해하기**

1 주요 버튼 기능

※ 스마트폰 기종에 따라 모양이나 위치가 다를 수 있습니다.

버튼		기능
	전원	• 길게 누르면 전원을 켜거나 끔 • 짧게 누르면 화면이 켜지거나 잠김
|||	최근 실행 앱	• 짧게 누르면 최근에 실행한 애플리케이션 목록이 보이고 모두 닫기 할 수 있음
⋮	메뉴	• 짧게 누르면 현재 화면에서 사용 가능한 메뉴가 나타남
○	홈	• 짧게 누르면 홈 화면이 실행 • 버튼일 경우 누르면 화면이 켜짐 (길게 누르면 OK 구글이 실행되기도 한다.)
< ⮌	취소	• 짧게 터치하면 이전 화면으로 전환

2 홈화면 하단 주요 버튼 아이콘

최근 실행 앱　　홈　　취소

3 주요 아이콘

	설정		공유
	검색		편집
	삭제	○○○	더보기
	메뉴		저장
	즐겨찾기		링크

CHECK 리스트

05강 스마트폰 각 부분의 명칭 알아보기

※ 스마트폰 기종이나 출시한 통신사에 따라 다를 수 있습니다. (삼성 갤럭시 S21+ 기준)

앞면

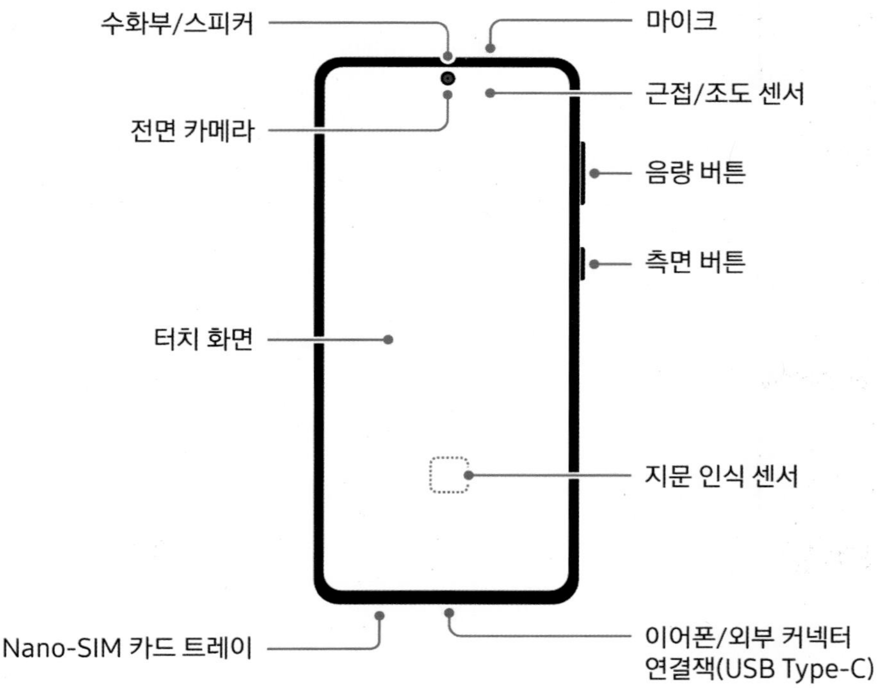

뒷면

06강 스마트폰 **조작 방법 알아보기**

1) 터치, 탭 누르기

① 스마트폰 화면을 가볍고 짧게 눌렀다 떼는 작업입니다.
② 앱을 실행하거나 메뉴 선택 등에 사용합니다.
③ 키보드를 이용해서 문자를 입력할 때는 화면을 가볍게 누릅니다.

2) 롱 터치 (길게 누르기)

① 스마트폰 화면을 길게 누릅니다. (세게 누르지 않아도 됩니다.)
② 선택한 대상에 대해 가능한 작업 목록이 나옵니다.

3) 더블 터치 (두 번 두드리기)

① 화면을 빠르게 두 번 누릅니다.
② 사진, 지도, 웹 페이지 등이 실행된 상태에서 일정 비율로 화면을 확대/축소할 수 있습니다.

4) 드래그 (끌기)

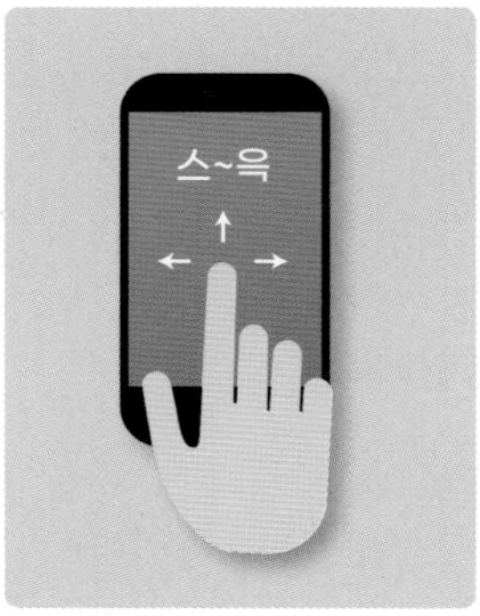

① 화면에 손가락을 터치 상태에서 손을 떼지 않고 원하는 위치로 이동한 후 손을 떼는 것
② 화면 이동할 때 사용합니다.

5) 스크롤 하기 (위/아래로 올리기/내리기, 좌우로 밀기)

① 손가락을 위·아래, 좌·우로 스크롤 합니다.

② 홈 화면 또는 앱스 화면에서 다른 페이지로 이동할 수 있습니다.

③ 웹 페이지나 목록 화면에서는 위, 아래로 스크롤하여 내용을 확인할 수 있습니다.

6) 핑거 줌 실행 (오므리고 펼치기)

① 두 손가락으로 동시에 화면을 오므려서 축소하거나, 펼쳐서 확대하여 사용합니다.

② 사진, 글자, 인터넷 화면을 확대/축소할 수 있습니다.

07강 스마트폰 **화면 구성 이해하기**

스마트폰 화면은 크게 **[잠금화면]**, **[홈 화면]**, **[앱스 화면]**으로 구성되어 있습니다.

1 잠금 화면

: 스마트폰을 켰을 때의 첫 화면입니다.

① 잠금을 설정하지 않았을 때에는 화면을 드래그(drag)합니다.

② 잠금을 설정했을 때에는 잠금을 해제합니다. 화면 잠금 방식으로는 **패턴, 지문, 얼굴인식** 등을 사용하고 있습니다.

2 홈 화면

: 잠금 화면을 열었을 때 나오는 시작화면입니다.

① **상태 알림 줄 :** 홈 화면 가장 윗단에 위치한 부분으로, 이 줄을 내리면 알림 정보를 확인할 수 있습니다.

② **위젯 :** 홈 화면상에서 독립적으로 실행되도록 만든 미니 응용프로그램입니다.

③ **앱 아이콘 :** 자주 사용하는 앱 아이콘을 꺼내놓고 사용하며, 원하는 위치에 배치할 수 있습니다.

④ **페이지 수 :** 좌우로 드래그하면 페이지를 이동할 수 있습니다.

⑤ **고정 아이콘 :** 사용자가 자신이 사용하기 원하는 앱 아이콘들로 변경할 수 있습니다.

3 앱스 화면

: play 스토어에서 설치한 모든 앱들이 있는 화면입니다.

- 사전에 설치된 내장(기본) 앱과 사용자가 추가로 설치한 앱이 여러 페이지에 걸쳐 나열되어 있습니다.
- 화면 하단의 **[홈 버튼]**을 터치하거나 화면을 위로 드래그하면 홈 화면으로 되돌아갑니다.
- 자주 사용하는 앱은 길게 눌러 홈 화면에 추가하거나 삭제할 수 있습니다.

CHECK 리스트

08강 상태 알림 줄 아이콘 설명

1 개요

① 스마트폰 화면 상단의 상태 표시 줄에 나타난 아이콘은 사용자의 사용 환경에 따른 제품 상태를 알려줍니다.

② 상태 알림 줄을 통해 시간, 새로운 문자, 전화, 와이파이 연결, 배터리 양 등을 확인할 수 있습니다.

2 상태 알림 줄 - 아이콘 설명

아이콘	의 미
	신호 없음
	서비스 지역의 신호 세기 상태
	로밍 실행 중
	3G네트워크에 연결됨
	EDGE 네트워크에 연결됨
	LTE 네트워크에 연결됨
	HSDPA 네트워크에 연결됨
	HSPA+에 연결됨
	Wi-Fi에 연결됨
	블루투스 기능 켜짐
	비행기 탑승 모드 실행 중
	위치 서비스(GPS)켜짐
	무음모드 실행 중
	진동모드 실행 중
	음성전화 수신
	부재중 전화
	문자 또는 MMS 수신
	알람 실행 중
	오류 발생 또는 주의 필요
	배터리 충전 중

09강 알림창 기본 내용 살펴보기

1 개요

① **[상태 알림 줄]**을 아래로 드래그하면 알림창이 열립니다.

② 빠른 설정 창, 밝기, 진행 중인 앱, 알림목록, 통신사 등을 확인할 수 있습니다.

③ 알림창 내의 아이콘을 터치하면 청색 빛을 띠면서 켜지고, 다시 터치하면 꺼집니다.

2 알림창 화면 - 아이콘(기본)

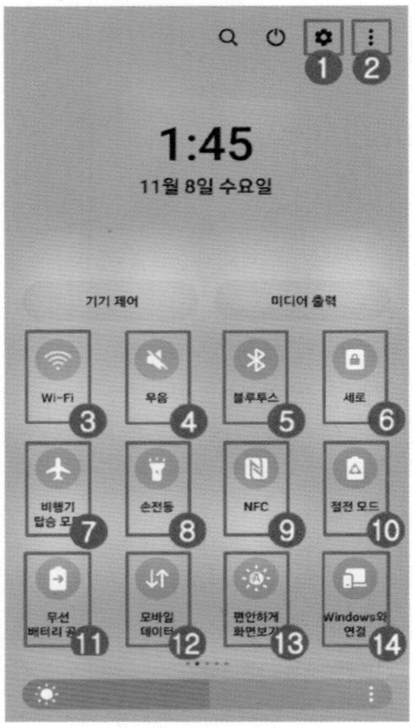

① 스마트폰의 **환경설정 아이콘**

② 버튼 순서 변경 등 **빠른 설정 창을 구성**

③ **무료로 무선 인터넷을 사용하거나 해제**

④ **소리 · 진동 · 무음**으로 설정

⑤ **무선으로 블루투스 스피커나 장비들을 연결**할 때 사용

⑥ **화면을 가로나 세로 방향으로 회전**할 때 사용

⑦ **비행기 탑승 시** 이것을 켜면 전화나 문자 및 **무선네트워크가 차단**

⑧ **손전등**을 켜거나 끌 때 사용합니다.

⑨ **[근거리 비접촉 통신]**으로 **티머니, NFC 등 모바일 결제 서비스**에 사용

⑩ **배터리 사용 가능 시간을 늘리고자** 할 때 켭니다.

⑪ 자신의 **스마트폰 배터리를 이용**하여 무선충전을 지원하는 **기기를 충전**

⑫ **데이터를 사용하거나 차단할 때** 사용합니다.

⑬ **눈에 부담을 줄여줘서** 편안하게 화면을 볼 수 있게 하는 블루 라이터 필터

⑭ **스마트폰과 PC를 연결할 때** 사용하는 기능입니다.

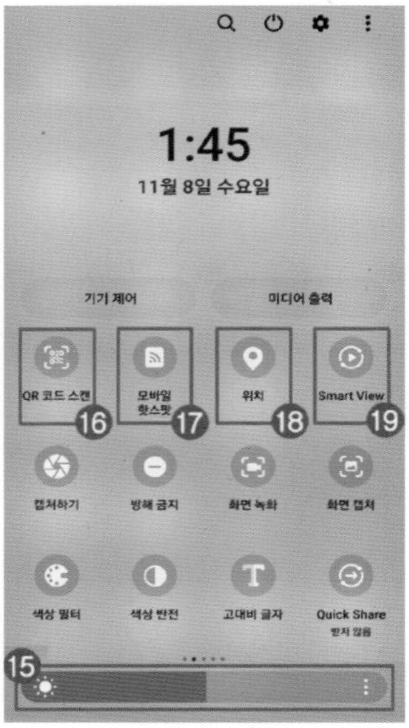

⑮ **화면 밝기를 조절**할 때 사용

⑯ **다른 큐알 코드 안에 저장된 다양한 정보**에
손쉽게 **접근**할 수 있도록 도와줌

⑰ 스마트폰의 **데이터를 다른 사람의 기기에 나눠 쓸 때** 사용

⑱ **스마트폰의 현 위치**를 알려줌

⑲ 스마트폰의 영상이나 화면을 **큰 화면으로 보기 위해**
다른 기기로 송출할 때 사용합니다.

10강 소리/진동/무음 바꾸기

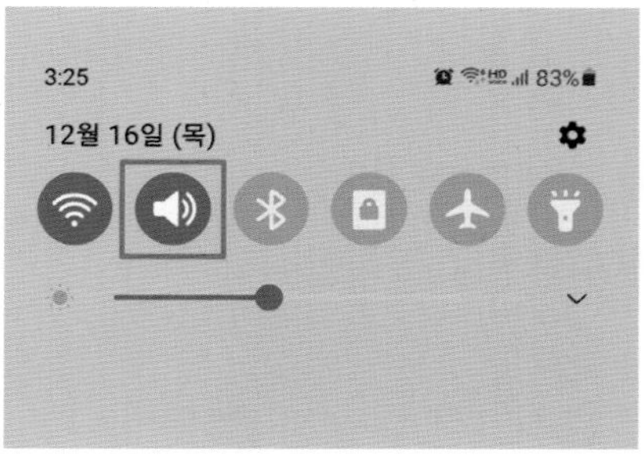

① [알림 상태 줄]을 아래로 드래그한 후 소리 를 터치합니다.

② 터치순서에 따라 (진동) → (무음) 순으로 바뀝니다.

11강 화면 자동 꺼짐 시간 조절하기

1 설정 이유

① 화면이 자주 꺼지는 경우에는 **화면을 자주 켜줘야 하는 불편함**이 있고,

② 화면이 오래도록 안 꺼지는 경우에는 **배터리 소모량이 많기 때문**입니다.

2 화면 자동 꺼짐 시간 조절 방법 (예 : 5분으로 설정하고자 할 경우)

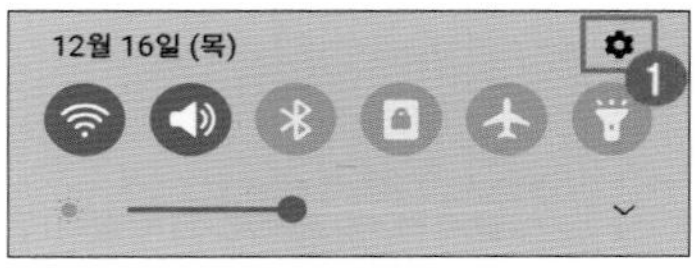

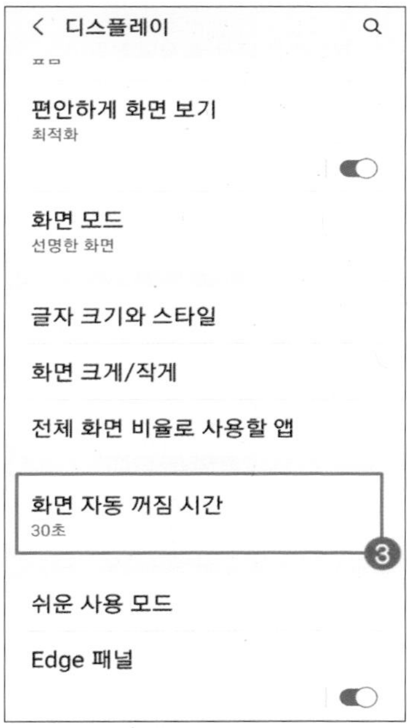

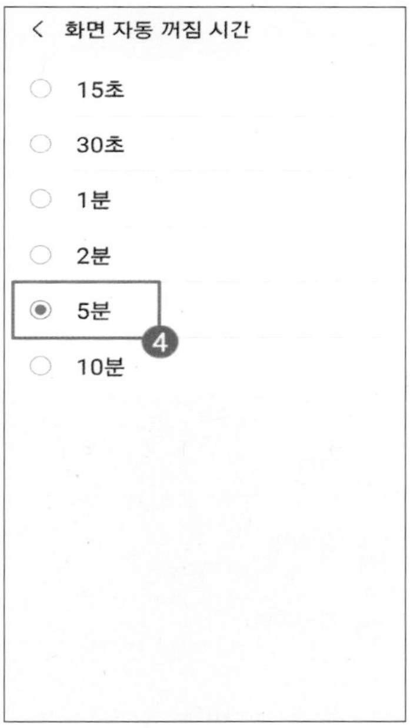

1 ① [알림 상태 줄]을 아래로 드래그한 후 설정 을 터치합니다. ② [디스플레이] (화면)를 터치 합니다.

2 ③ [화면 자동 꺼짐 시간]을 터치합니다.

3 ④ 시간을 터치합니다.

12강 화면 밝기 조절하기

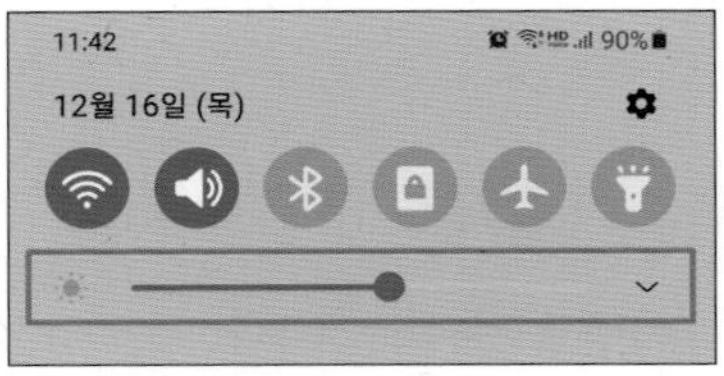

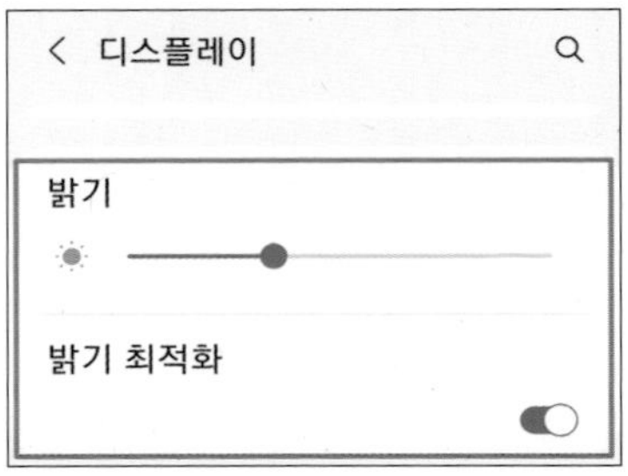

두 가지 조절 방법이 있습니다.

● **방법1:** ① **[상태 알림 줄]**을 아래로 드래그합니다.
② 밝기 조절 막대를 터치하여 좌우로 조절합니다.

● **방법2:** ① **[상태 알림 줄]**을 아래로 드래그한 후 설정 ⚙을 터치합니다.
② **[디스플레이]**(화면)를 터치하여 밝기를 조절합니다.
③ **[밝기 최적화]**를 활성화하면 화면을 자동으로 밝게 해 줍니다.

13강 화면 글자 크기 조절하기

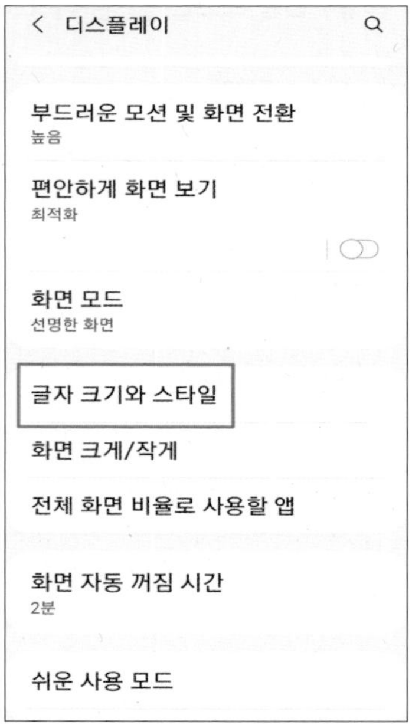

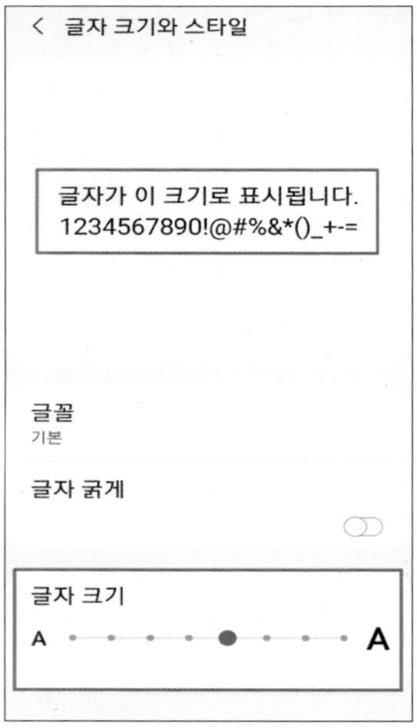

1 **[알림 상태 줄]**을 아래로 드래그한 후 설정 ⚙을 터치합니다. **[디스플레이]**를 터치합니다.

2 **[글자 크기와 스타일]**을 터치합니다.

3 글자 크기 조절 막대를 좌우로 움직여 크기를 정합니다.
(실제 글자의 크기는 위에 표시됨)

14강 저장 공간 확인 및 확보하기

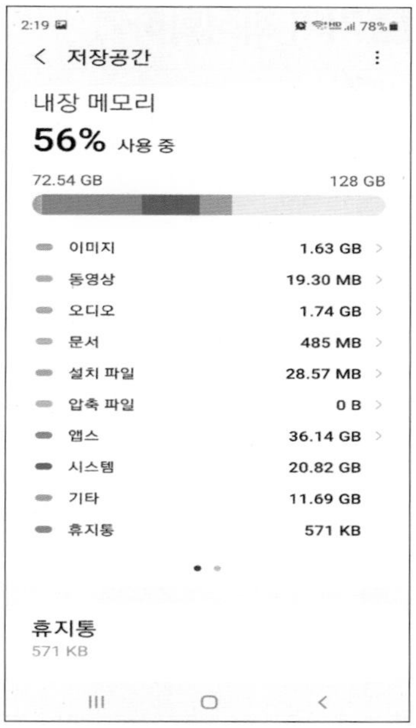

1 저장 공간 확인하기

1 [알림 상태 줄]을 아래로 드래그한 후 [설정 ⚙]을 터치합니다.
[배터리 및 디바이스 케어]를 터치합니다.

2 [저장공간]을 터치합니다.

3 전체 저장 공간 대비 **현재 사용 중인 메모리양(%)을 확인**할 수 있습니다.

2 저장 공간 확보하기

① [**휴지통**]에 있는 것들을 확인한 후 비우기를 합니다. (휴지통이 없는 기종도 있음)

② [**사용하지 않는 앱**] 역시도 확인 후 삭제합니다. ③ [**중복 파일**]을 삭제합니다.

④ [**용량이 큰 파일이나 동영상**]을 삭제함으로써 저장 공간을 확보합니다.

CHECK 리스트

15강 디바이스 케어로 스마트폰 최적화하기

1 기기 최적화하기

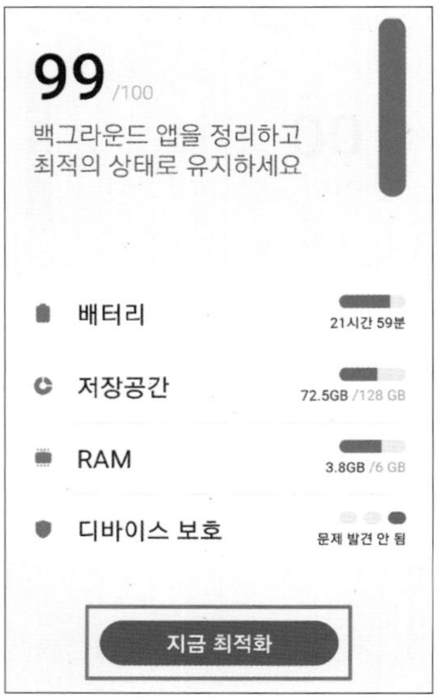

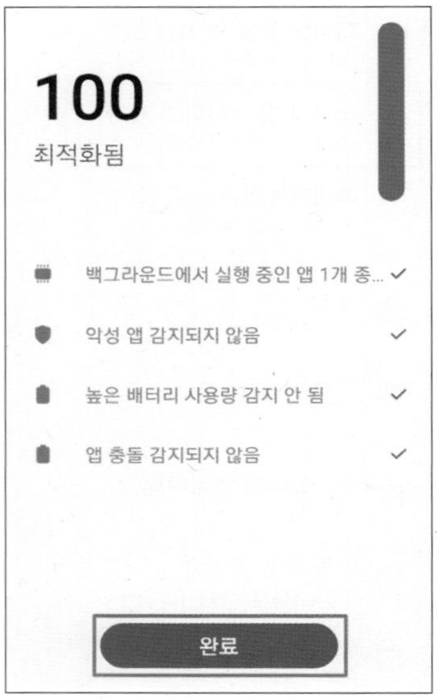

1 **[알림 상태 줄]**을 아래로 드래그한 후 설정 ⚙을 터치합니다. **[배터리 및 디바이스 케어]**를 터치합니다.

2 **[지금 최적화]**를 터치합니다.

3 기기의 최적화 작업이 끝나면 **[완료]**를 터치합니다.

2 기기 최적화, 더 간편하게 하기

홈 화면에 **[최적화 바로 가기]**를 추가하여 사용하면 위 과정이 단축됩니다.

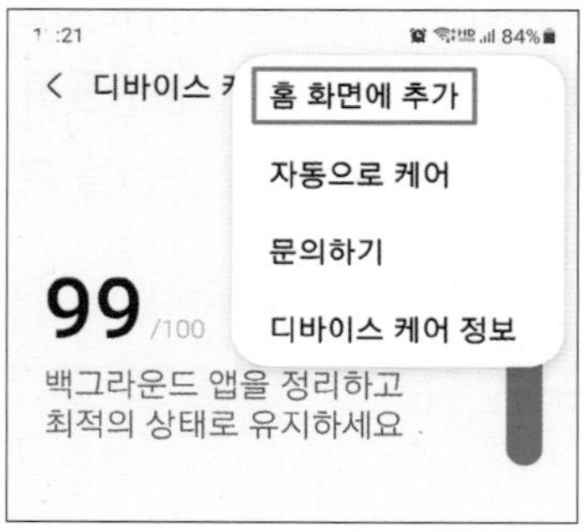

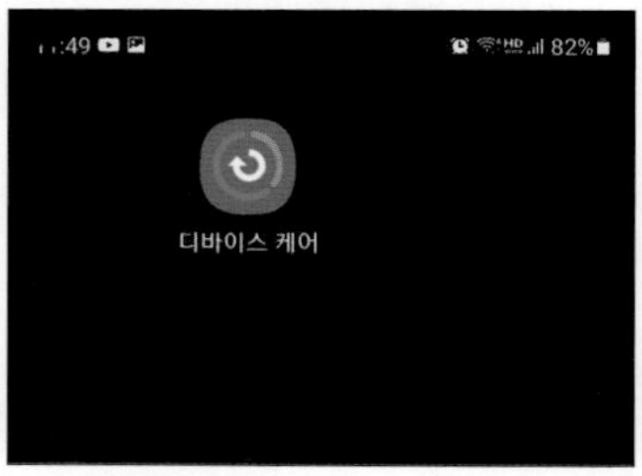

1 **[알림 상태 줄]**을 아래로 드래그한 후 설정 ⚙을 터치합니다. **[배터리 및 디바이스 케어] -[디바이스 케어]** 화면의 상단 우측의 ⋮ **[더보기]**를 터치합니다.

2 **[홈 화면에 추가]**를 터치합니다.

3 홈 화면에 추가된 **[디바이스 케어 아이콘]**을 터치하면 **[디바이스 케어]**로 이동하여 최적화 작업을 할 수 있습니다.

16강 최근 실행 앱 확인하기

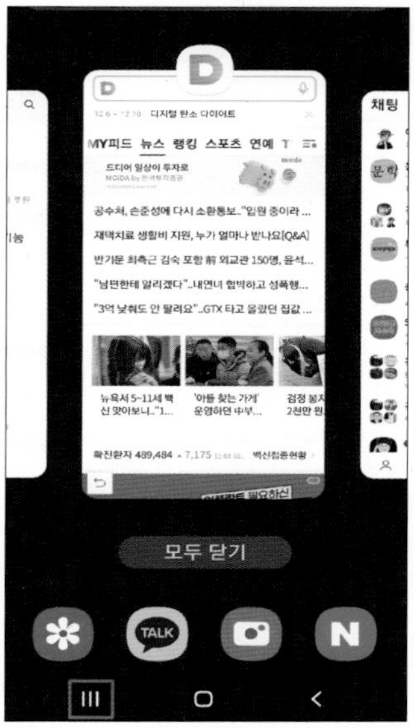

1 스마트폰 하단 내비게이션 바의 **[최근 실행 앱 버튼]**을 터치합니다. 그럼 최근 실행했던 앱 목록이 나옵니다. 그 중에서 원하는 앱을 터치하면 그 앱으로 돌아갑니다.

2 만일 아래쪽의 **[모두 닫기]**를 터치하면 최근 실행 앱 전체가 닫힙니다.

3 다시 최근 실행 앱 버튼을 터치하면 **[최근에 사용한 앱이 없습니다]**라는 문구가 화면에 뜹니다.

17강 연락처 활용 제대로 하기

1 연락처 추가

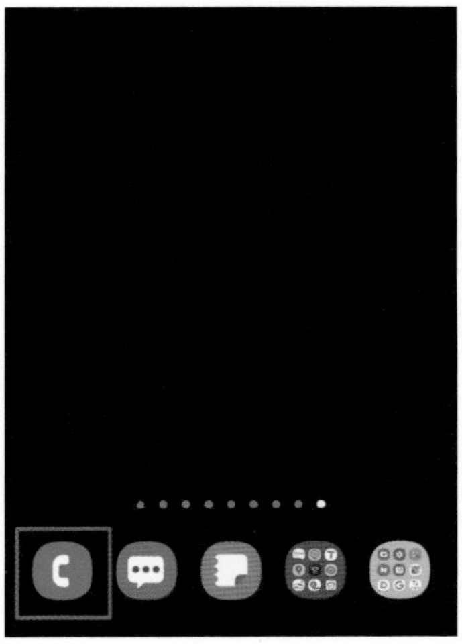

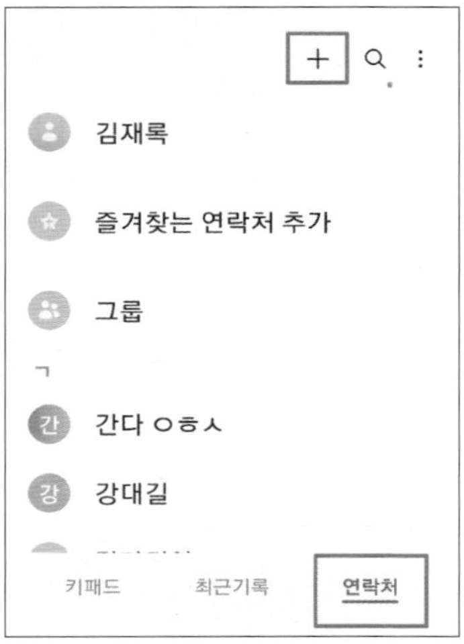

1 (전화)를 터치합니다. 2 **[연락처]**를 터치하고 연락처 추가 아이콘 **[+]**를 터치합니다.

3 이름과 전화번호를 기록하고 **[저장]**을 누릅니다. 만일 이 연락처에 프로필 사진을 넣고자 한다면 를 터치하여 갤러리에 있는 사진을 가져오거나, 그 자리에서 카메라를 터치해 찍은 사진을 올리면 됩니다.

1) 최근 통화한 전화번호 저장 방법

홈 화면에 [최적화 바로 가기]를 추가하여 사용하면 위 과정이 단축됩니다.

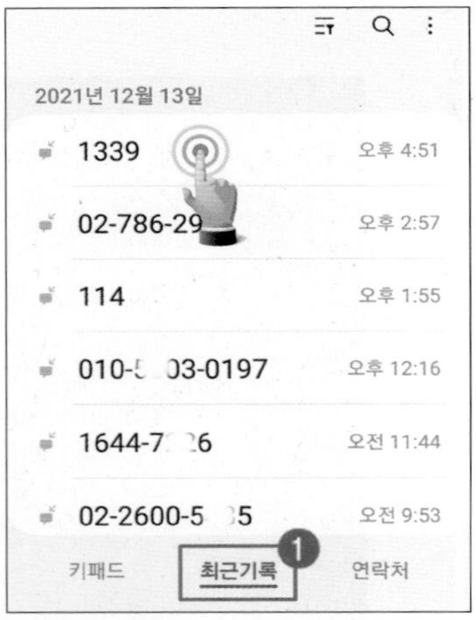

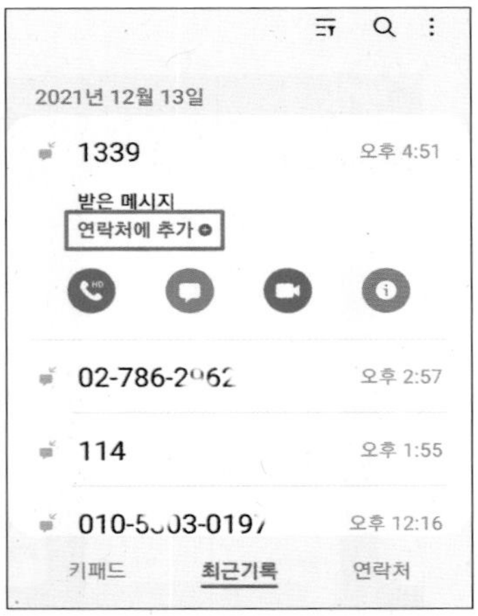

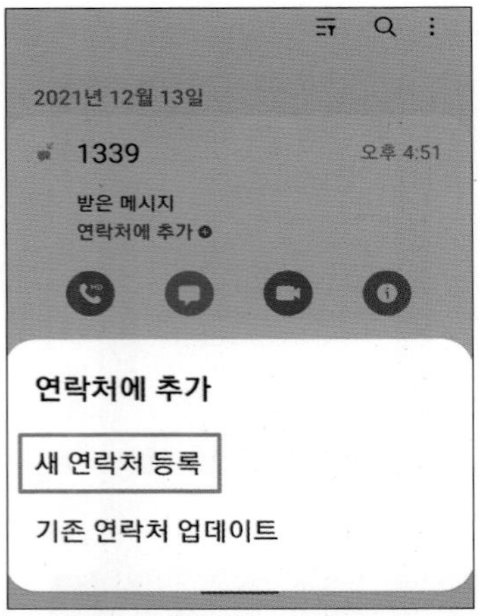

1 전화 - [최근기록]을 터치합니다.
2 걸려온 번호(예 : 1339)를 터치합니다. [연락처에 추가 ⊕]를 터치합니다.
3 [새 연락처 등록]을 터치한 후 이름을 기록하고 [저장] 합니다.

CHECK 리스트

2 연락처 삭제

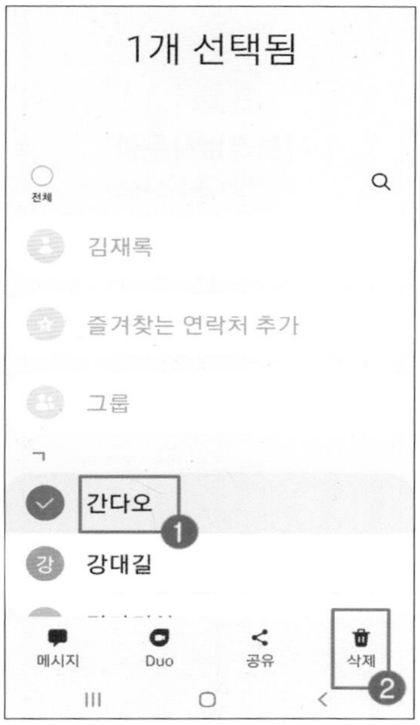

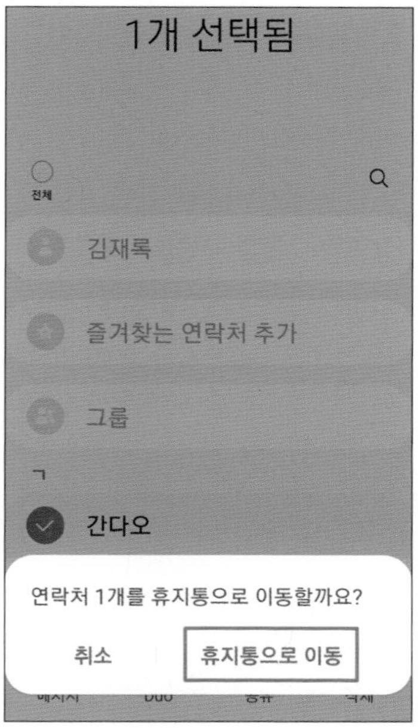

1 전화 - [연락처]를 터치합니다.

2 ① 해당자 이름(예 : 간다오)을 길게 누르면 이름 앞이 ✔로 바뀌고 아래엔 ② **[삭제]**가 생성됩니다.

3 **[삭제]** 터치한 후에 나타난 **[휴지통으로 이동]**을 누르면 됩니다.

3 연락처 검색

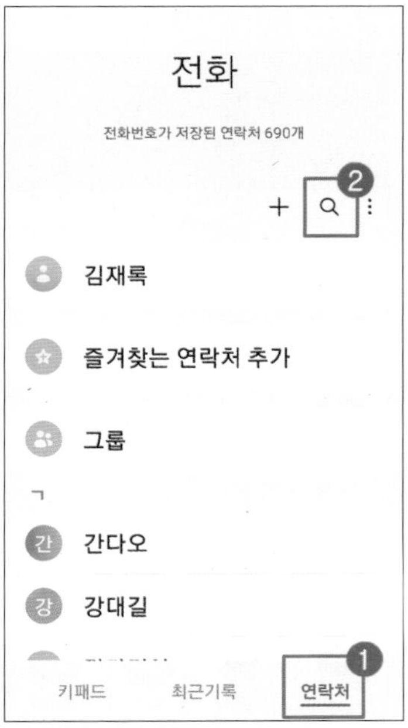

1 홈 화면의 전화 앱을 터치한 후 하단 메뉴 중 ① **[연락처]**를 터치합니다. ② 검색을 하기 위해서 **[돋보기 (검색)]**를 터치합니다.

2 검색창에 찾고자 하는 이름을 입력합니다. (**'김여름'**인 경우 초성 **'ㄱㅇㄹ'**으로 검색할 수 있습니다.)

3 예시 화면을 볼 수 있습니다.

4 연락처 편집

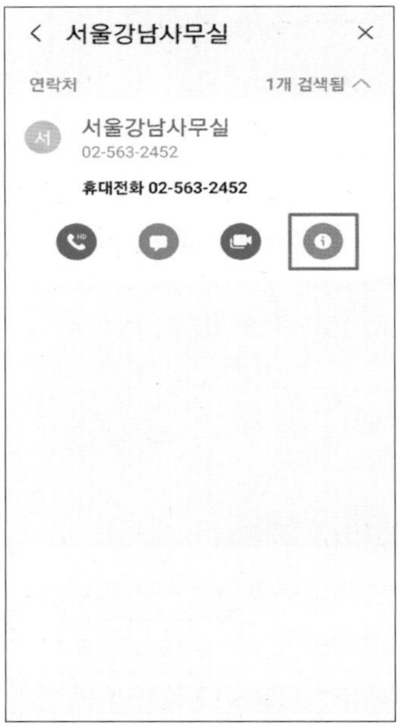

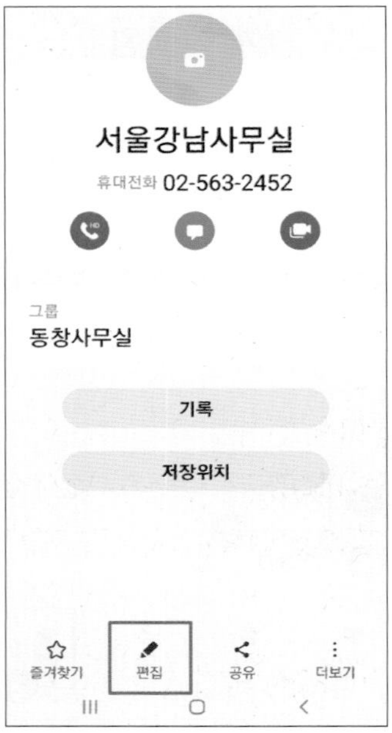

1 편집하고자 하는 연락처 이름을 찾아 터치합니다. 중간의 우측 아이콘을 터치합니다.

2 하단의 **[편집]**을 터치합니다.

3 번호나 이름 중 수정할 곳을 터치하여 내용을 고친 후 **[저장]**하면 바뀐 내용으로 저장됩니다. (예 : 563국 → 5563국)

5 연락처 보내기 (예 : [간다오]의 번호를 [김여름]에게 보내기)

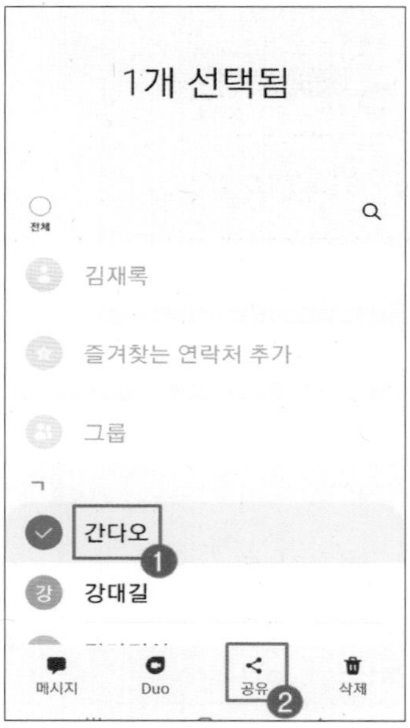

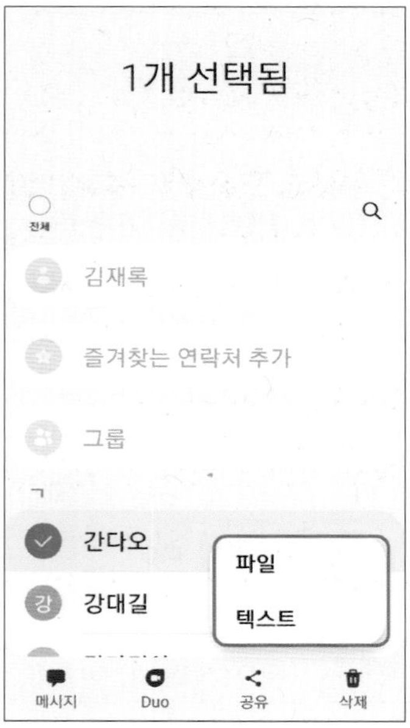

1 **[전화]**를 터치합니다. ① **[이름(간다오)]**을 길게 누릅니다(이름 앞에 이 생기면서 아래에는 공유 가 생성됨). ② 이 를 터치한 후 2 **[파일과 텍스트]** 중에 택일합니다.

3 만일 텍스트를 터치하면, 받는 사람 목록이 있는 **[카톡 친구 목록]** 혹은 **[문자메시지 주소록]** 등으로 안내합니다.

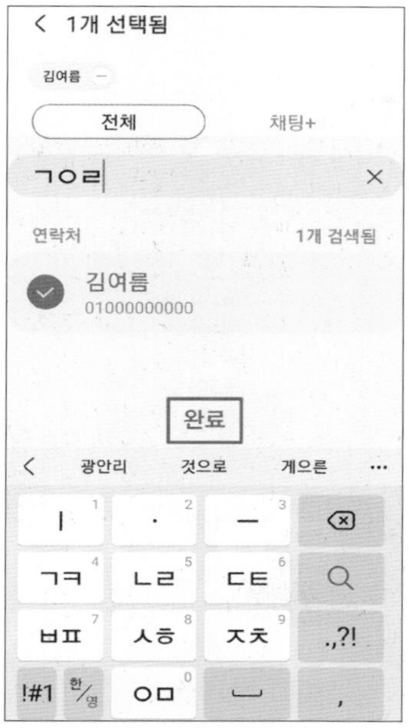

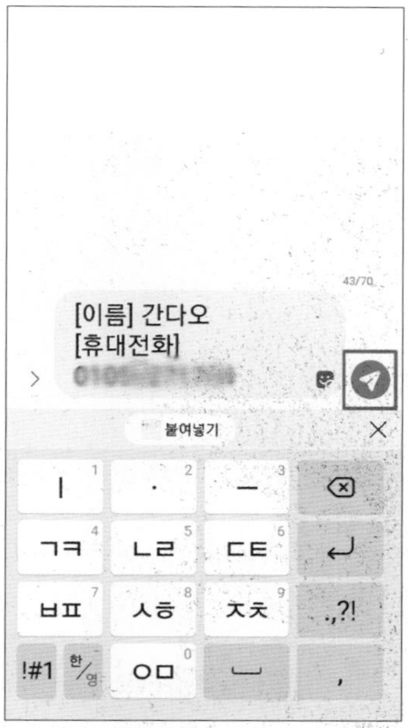

1 메시지 를 터치한 후, ① **[받는 사람(김여름)]**을 터치하고 2 **[완료]**하면 문자메시지 창에 연락처가 실립니다. 3 보내기 를 터치하면 연락처가 전송됩니다.

6 통화 상태에서 상대방에게 타인의 연락처 보내기

※ 이후로는 위의 **[5 연락처 보내기]**와 동일

1 통화 중 상태에서 화면의 **[홈 버튼]**을 누릅니다. 2 를 터치합니다.

3 돋보기(검색)를 터치한 후 이름을 입력합니다. ④ 밑에 나타난 연락처를 길게 누릅니다. 이때 이름 앞에는 이 나타나고 하단에는 공유가 뜹니다. ⑤ 공유를 터치합니다. ⑥ 형식(파일 혹은 텍스트)을 택일합니다. ⑦ **[빠른 나눔창]**에서 지금 통화하고있는 사람을 찾아내고 전송합니다(카톡을 터치할 경우에는 **[친구목록]** 중에서 통화자의 이름을 찾아내 터치하면 됨). 만일 문자메시지로 보내려면 **[메시지]**를 터치합니다. 주소록에서 통화자의 이름을 찾아낸 후 **[완료]**를 터치하고, 문자메시지의 **[보내기]**를 누릅니다.

18강 화면 페이지 편집

1 연락처 삭제

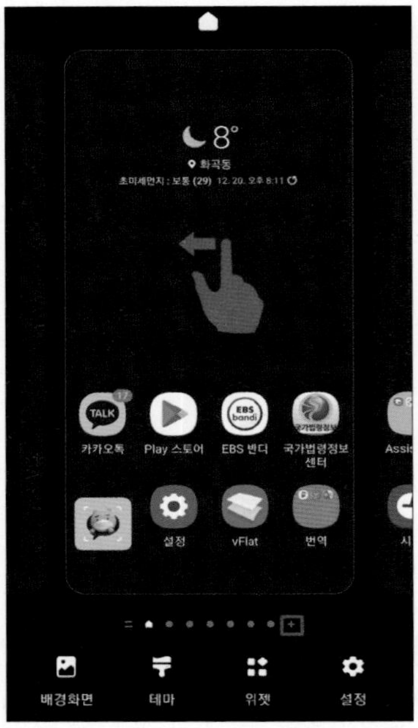

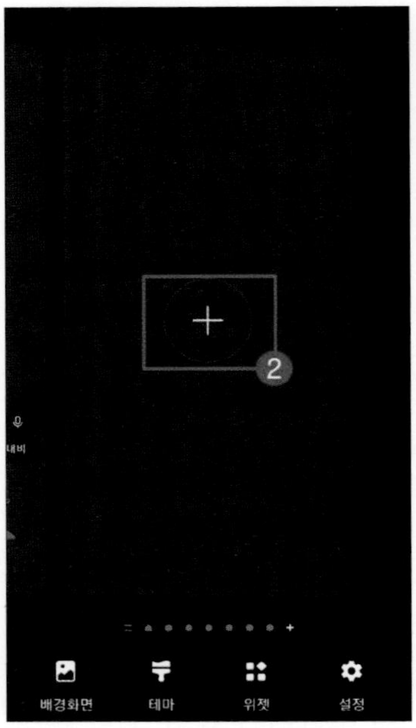

1 ① 홈 화면이나 아무 페이지 빈 곳을 길게 누릅니다.

2 그러면 페이지 수를 나타내는 점 옆에 작은 **+** 표시가 생깁니다. 화면을 좌측으로 넘긴 후 3 새로 만들어진 페이지의 ② **[+]**를 터치하면 빈 페이지가 추가됩니다.

2 페이지 삭제

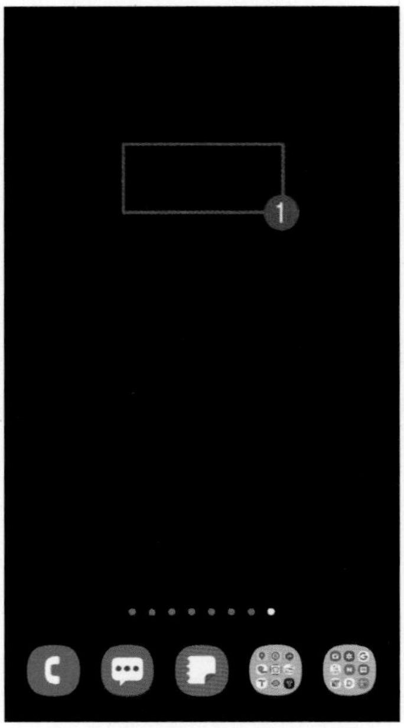

1 ① 빈 페이지를 길게 누르면 위에 휴지통이 생깁니다.

2 ② **[휴지통]**을 터치하면 빈 페이지가 삭제됩니다.

3 홈 페이지 지정 및 페이지 순서 변경하기

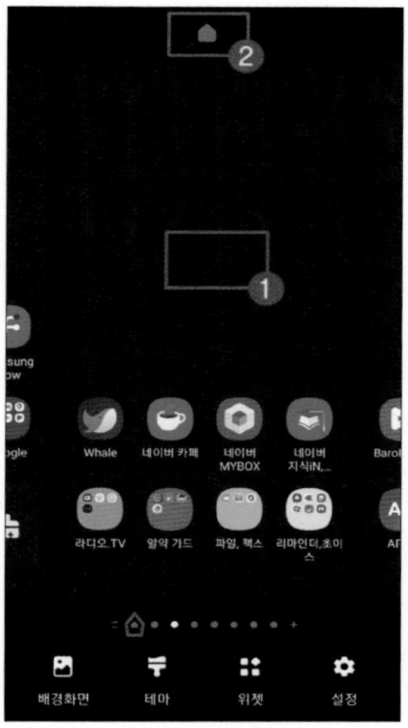

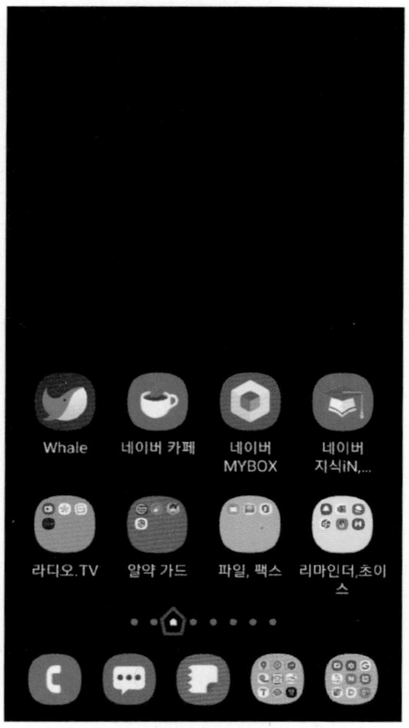

1 ① 홈 페이지로 지정하고 싶은 페이지를 길게 누릅니다. ② 위에 생긴 집 모양을 터치하면 홈 페이지로 바뀝니다.

2 페이지 순서를 변경할 때는 화면을 길게 누른 상태에서 그 화면을 이동하면 됩니다.

4 홈 화면에서 앱 삭제하기

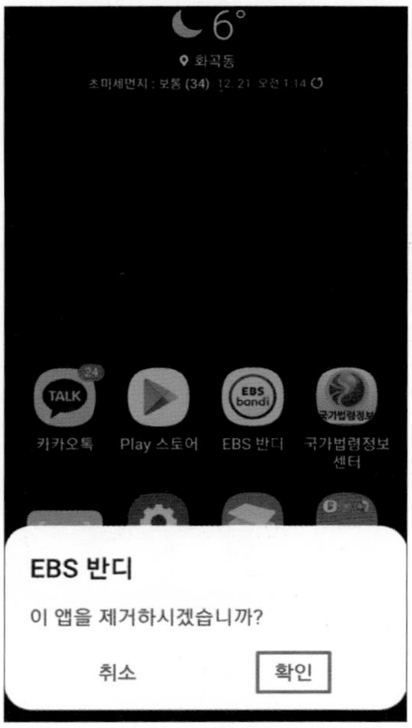

1 홈 화면에서 삭제할 앱을 길게 누릅니다. **[설치 삭제]**를 터치합니다.

2 "앱을 제거하겠습니까?"라는 질문에 **[확인]**을 터치하면 지정한 앱이 삭제됩니다.

5 앱을 다른 화면으로 이동시키기(두 가지 방법)

1)드래그 하는 방법

1 해당 앱을 길게 누른 상태에서 (글 상자가 뜸) 그대로 드래그합니다.

2, 3 해당 앱을 원하는 위치나 다른 페이지로 이동시킵니다.

2) 터치로 이동시키는 방법

1 해당 앱을 길게 누릅니다. 2 **[선택]**을 터치합니다.

3 원하는 위치 혹은 앱스 페이지 화면에 손가락을 누르고 있으면 앞서 선택된 앱이 옮겨옵니다.

19강 폴더 관리하기

1 폴더 만들기, 폴더에 앱 추가하기

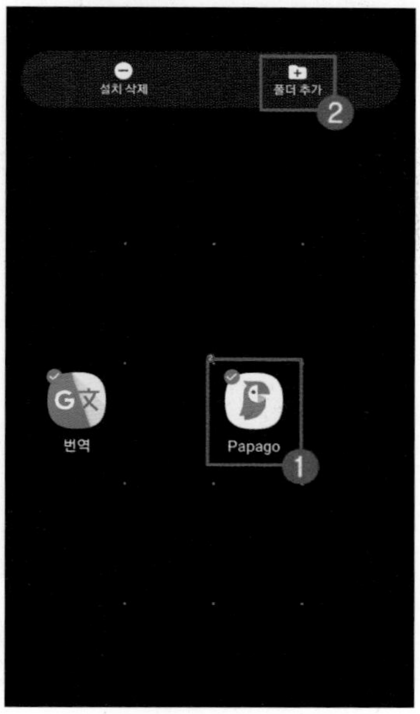

1 폴더에 넣기를 원하는 앱을 길게 누릅니다. 2 [**선택**]을 누릅니다.

3 ① 폴더에 함께 넣고자 하는 다른 앱을 터치한 후 ② [**폴더 추가**]를 누릅니다.

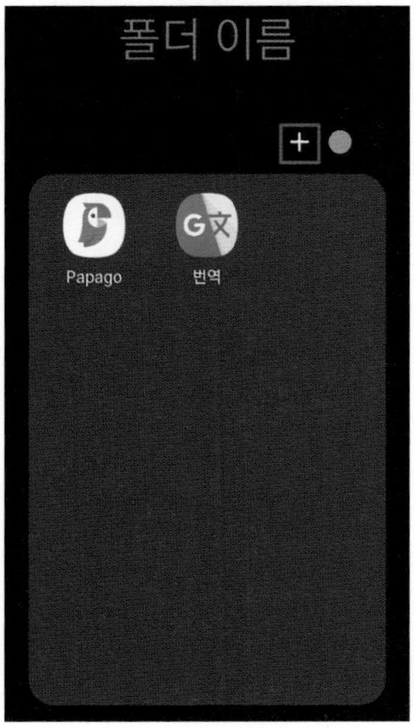

1 폴더가 형성된 후 다른 앱을 추가하려면 [**+**]를 터치합니다.

2 추가할 앱을 찾아 터치하고 [**완료**]한 후,

3 취소 버튼을 누르면 폴더가 완성됩니다.

2 폴더 이름 만들기

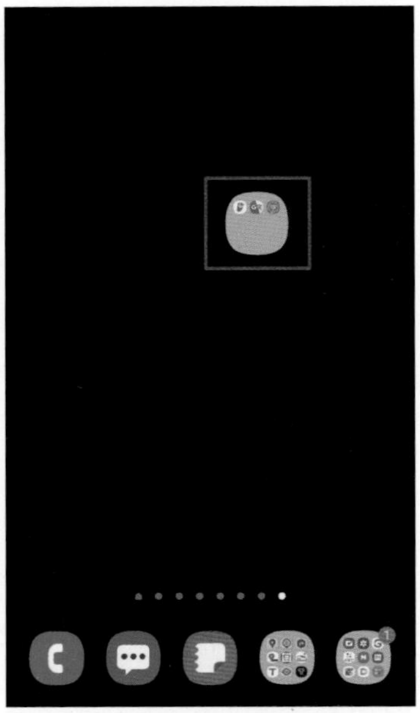

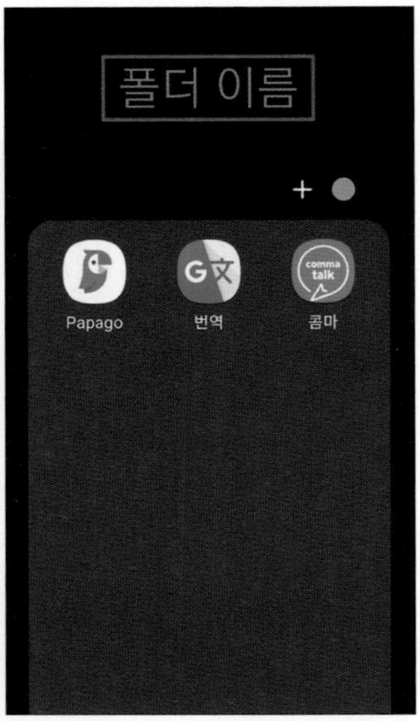

1 이름을 붙이고 싶은 폴더를 터치합니다.

2 **[폴더 이름]**을 터치합니다.

3 ① 폴더 이름을 입력한 후 ② **[완료]**를 누릅니다.

3 폴더 이름 바꾸기

1 이름을 변경하고자 하는 폴더를 터치합니다.

2 **[폴더 이름]**의 마지막 글자 뒤를 터치합니다.

3 ① 백스페이스(backspace)로 폴더의 이름을 지우고, 새 이름을 입력한 후 ② **[완료]**를 누릅니다.

4 폴더의 배경색 바꾸기

1 배경색을 바꾸고자 하는 폴더를 터치합니다. 2 색을 나타내는 원을 터치합니다.

3 다양한 색을 포함하고 있는 **[그라데이션]** 원을 터치합니다.

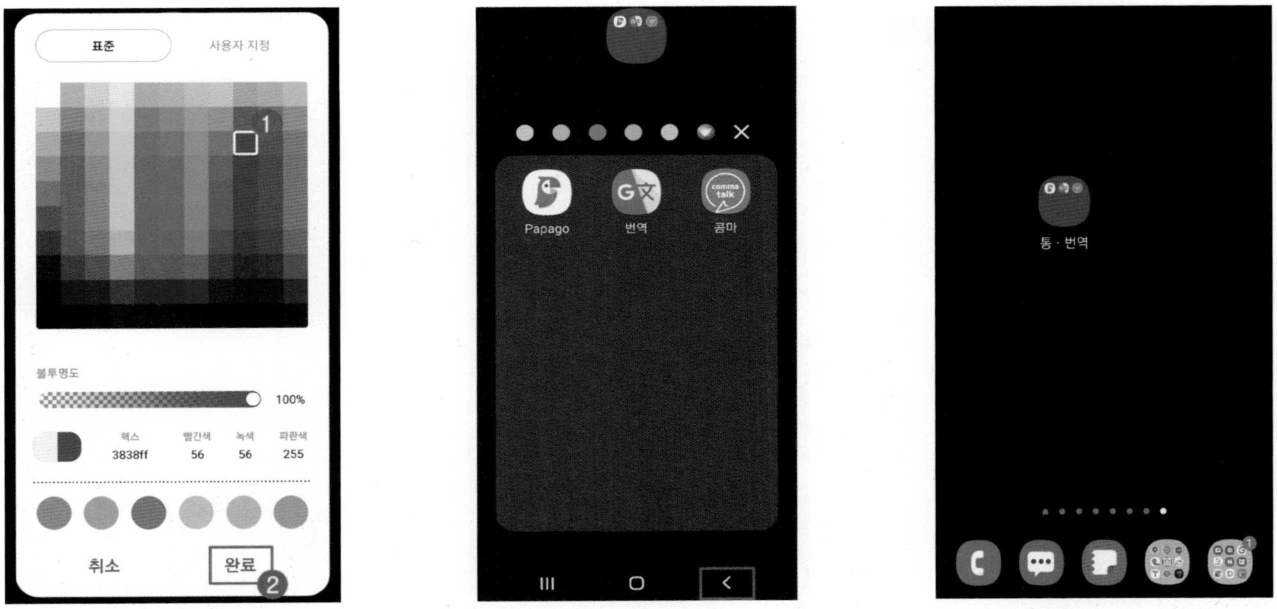

1 ① 여러 색 중에서 맘에 드는 색을 터치하고 ② **[완료]**를 누릅니다.

2 **[취소 버튼]**을 누릅니다.

3 폴더의 배경색이 지정한 색으로 바뀝니다.

5 기존의 폴더에 앱 추가하기

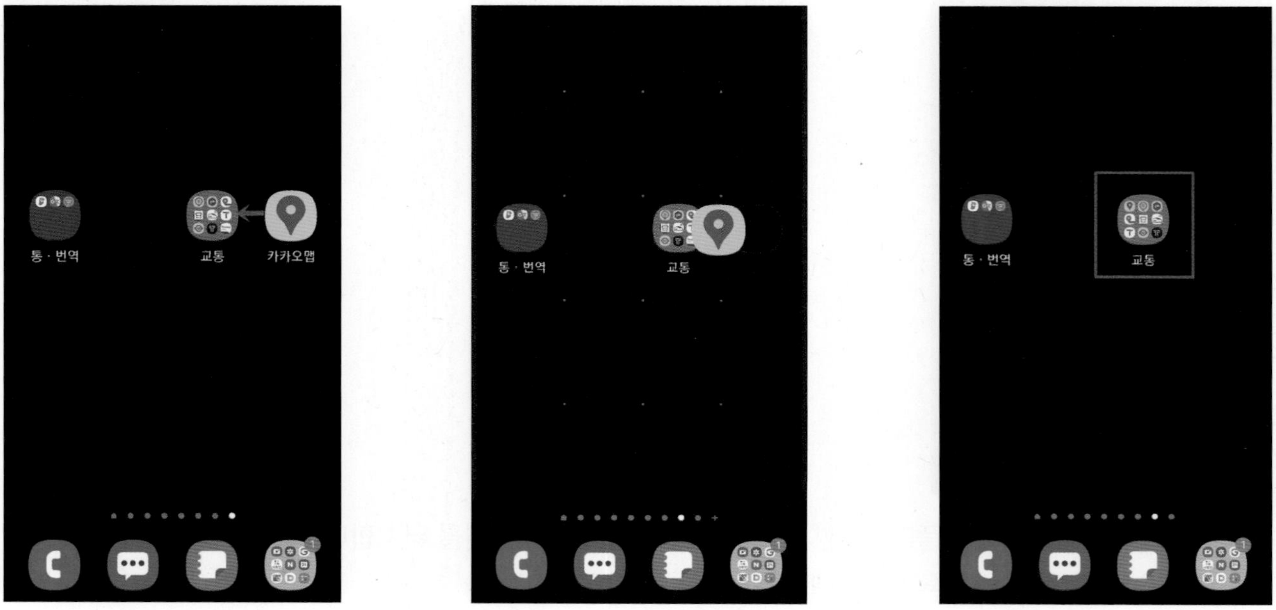

1 앱(예 : 카카오 맵)을 추가하고자 하는 폴더(예 : 교통) 곁으로 이동시킵니다.

2 앱을 길게 누른 후 드래그하여 폴더에 합치듯 밀어 넣습니다.

3 폴더에 앱이 추가됩니다.

6 기존의 폴더에 앱 추가하기

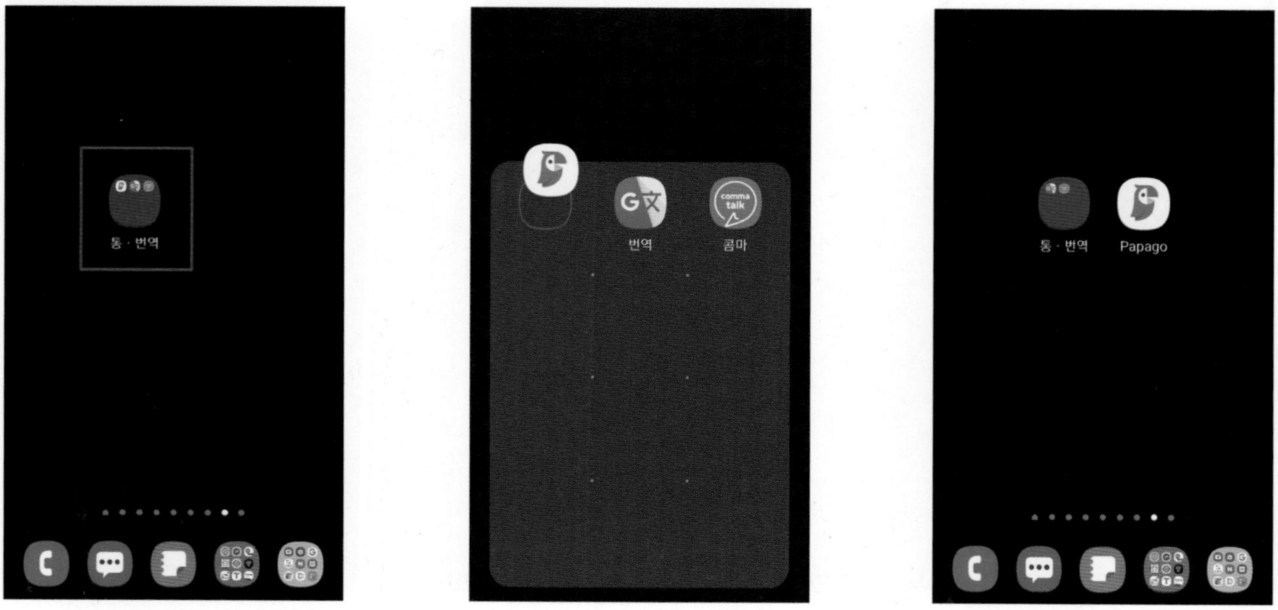

1 꺼내려는 앱이 있는 폴더를 터치합니다.

2 해당 앱을 길게 누른 후 드래그하여 밖으로 꺼냅니다.

3 밖으로 나온 앱을 원하는 위치나 다른 페이지로 이동시킵니다.

20강 스마트폰 사용이 스마트해지는 위젯 활용하기

1 [다이렉트 전화] 위젯 추가하기

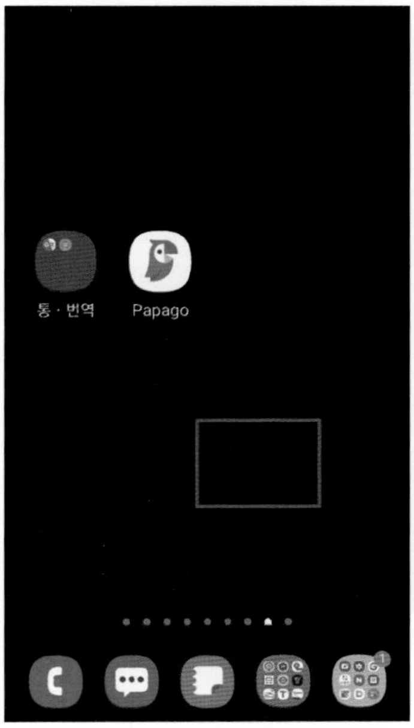

1 홈 화면 중 **[빈 곳]**을 길게 누릅니다.

2 하단의 위젯을 터치합니다.

3 ① 검색창에 **[전화]**라고 검색합니다. ② **[연락처]를 터치합니다.**

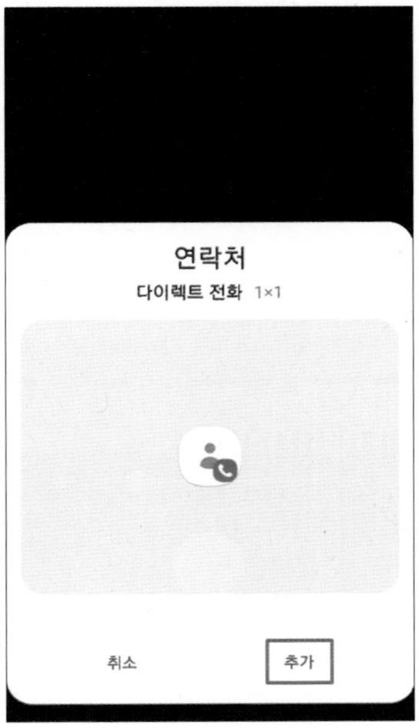

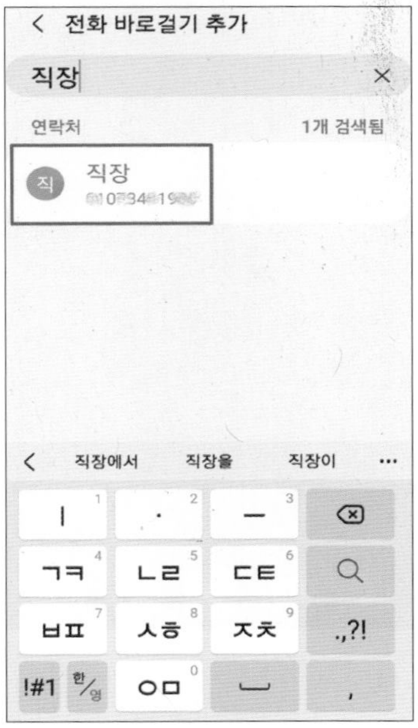

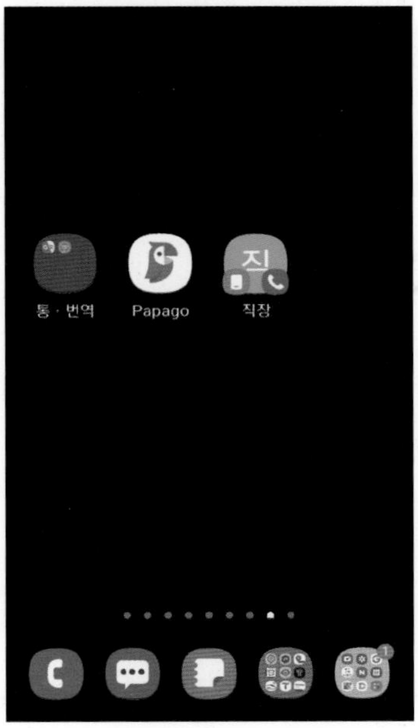

1 다이렉트 전화 **[추가]**를 터치합니다.

2 검색창에 찾고자 하는 전화명을 입력한 후 밑에 나타난 연락처를 터치합니다.

3 홈 화면에 **[다이렉트 전화]** 위젯이 설치됩니다.

2 [돋보기] 위젯 추가하기

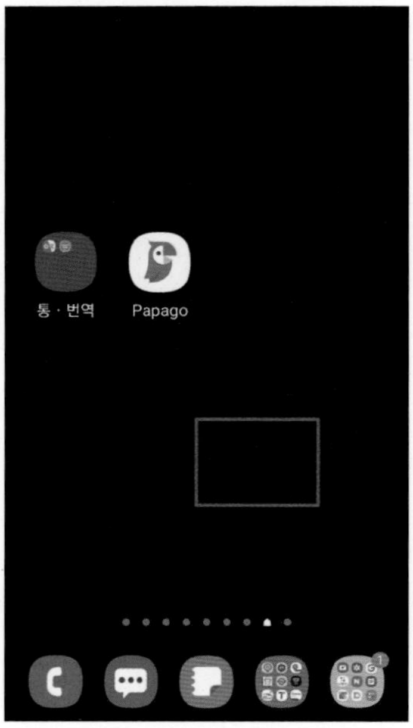

1 홈 화면 중 **[빈 곳]**을 길게 누릅니다.

2 하단의 **[위젯]**을 터치합니다.

3 화면에서 하단에 있는 **[돋보기]**를 터치합니다.

1 돋보기 **[추가]**를 터치합니다.

2 홈 화면에 **[돋보기]** 위젯이 설치됩니다.

3 조절점을 좌우로 움직여 글씨의 크기를 조절하고, 어두울 때는 손전등을 켜면 작은 글씨를 크고 밝게 볼 수 있습니다.

3 [디바이스 케어] 위젯 추가하기

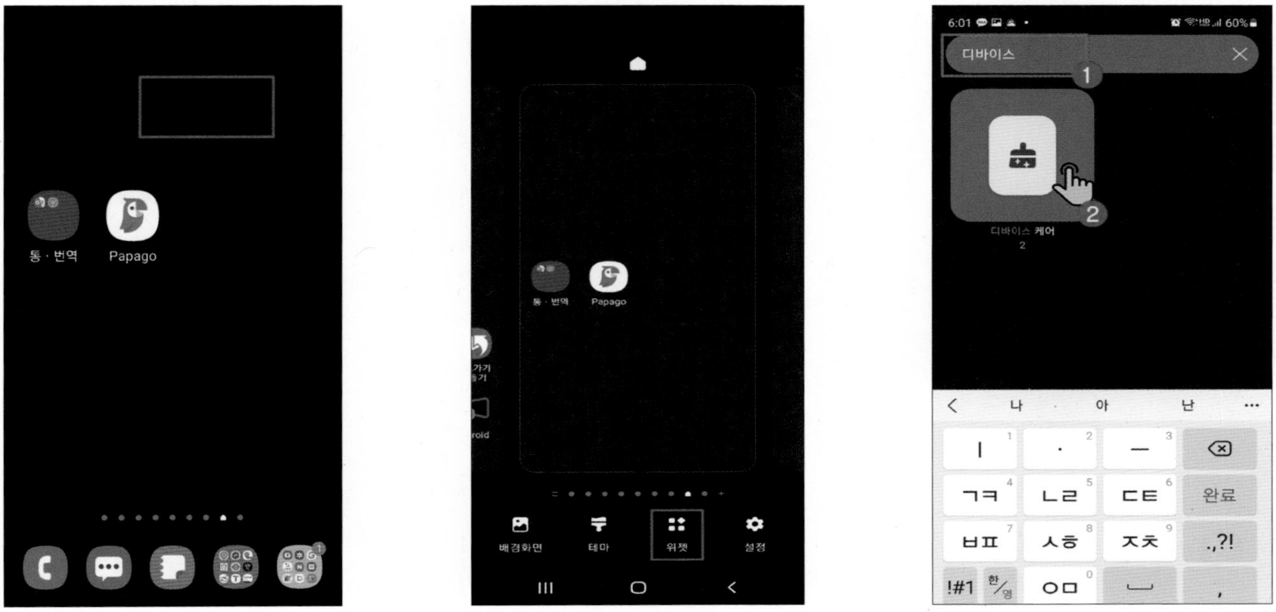

1 홈 화면 중 **[빈 곳]**을 길게 누릅니다.

2 하단의 **[위젯]**을 터치합니다.

3 ① 검색창에 **[디바이스]**라고 검색합니다. ② 검색된 **[디바이스 케어]**를 터치합니다.

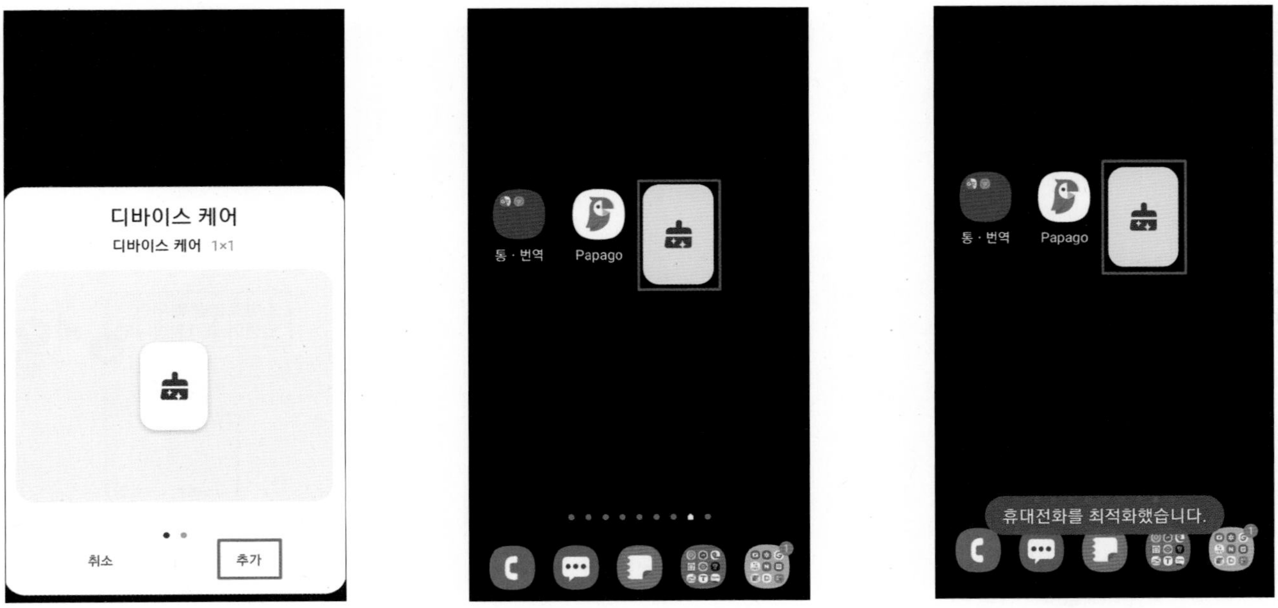

1 디바이스 케어 **[추가]**를 터치합니다.

2 홈 화면에 **[디바이스 케어]** 위젯이 설치됩니다.

3 디바이스 케어 위젯을 터치해 주면 간편하게 저장공간을 최적화 할 수 있습니다.

21강 이젠 자판치지 말고 음성으로 문자 보내기

1 말로 문자 보내기

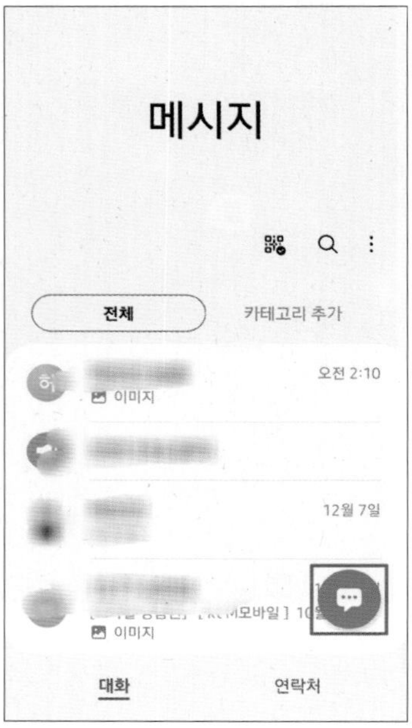

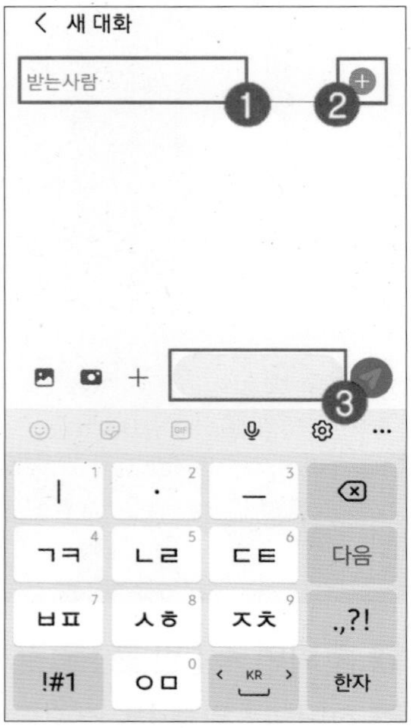

1 **[메시지]**를 터치합니다. 2 **[대화]** 말풍선을 터치합니다.

3 ① **[받는 사람]**을 터치하여 전화번호를 입력하거나 ② **[+]**를 터치하여 연락처에서 검색하여 받는 사람을 선택합니다. ③ 대화창을 터치하여 키보드가 보이게 합니다.

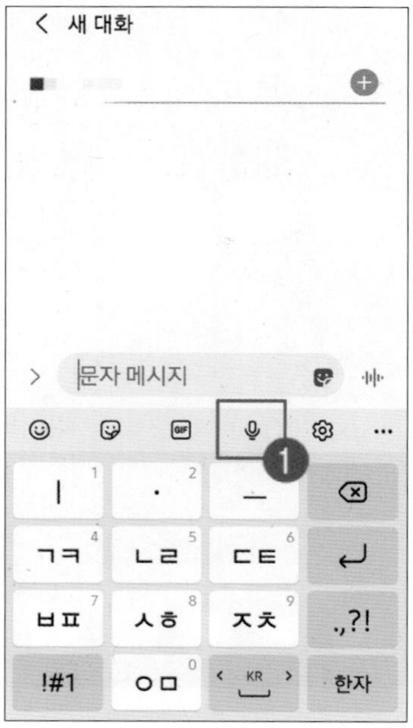

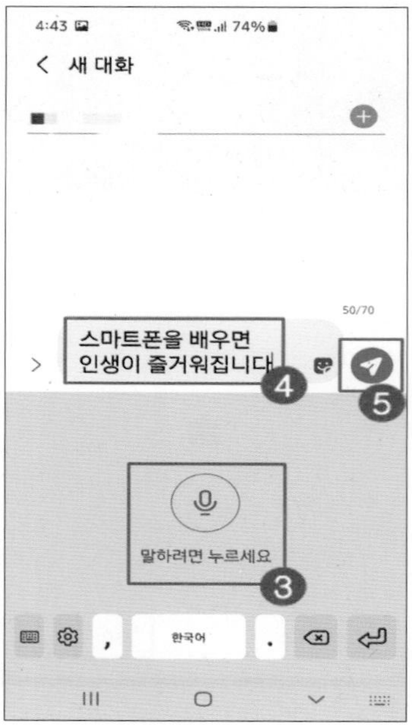

1 ① 키보드 상단 메뉴의 **[마이크]**를 터치합니다.

2 ② **[마이크]**가 파란색일 때 보낼 말을 합니다.

3 ③ 보낼 말을 다하고 **[마이크]** 버튼을 누르면 **[일시 정지]** 되면서 ④ 대화창에 음성으로 입력한 말이 **[텍스트로 변환]** 되어 나타납니다. ⑤ 대화창의 글을 확인하고 **[보내기]**를 터치하면 문자로 전송이 됩니다.

2 음성으로 문자 보내기 (인터넷이 안 되는 경우 1)

1 ① 전화번호를 입력하거나 연락처에서 **[받는 사람]**을 선택합니다. ② **[+]**를 터치합니다.

2 ③ 메뉴 중에서 **[음성녹음]**을 터치합니다.

3 ④ **[음성녹음]** 버튼을 누르고 녹음합니다.

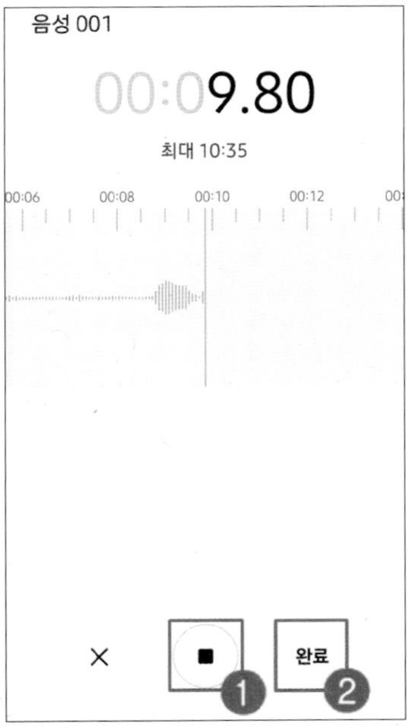

1 ① 녹음이 끝나면 **[정지]** 버튼을 터치하고 ② **[완료]** 버튼을 터치합니다.

2 ③ 첨부된 **[음성녹음]**을 플레이 버튼 **[▶]**을 터치하여 확인할 수 있으며 삭제 **[-]**도 가능합니다.

④ 첨부된 **[음성녹음]**을 보내기 합니다.

3 ⑤ **[음성녹음]**이 전송되었습니다.

3 빠른 음성 보내기 (인터넷이 안 되는 경우 2)

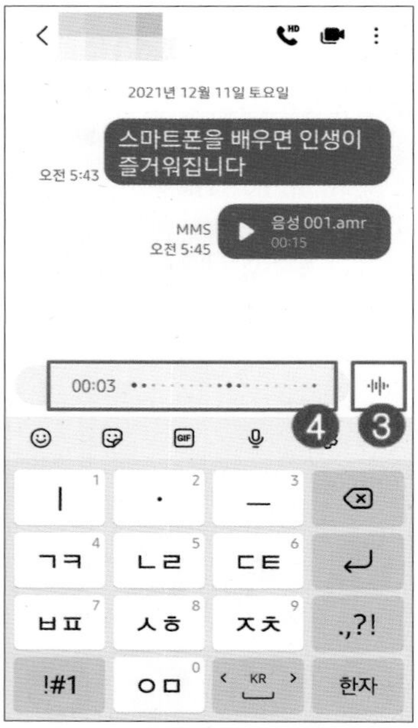

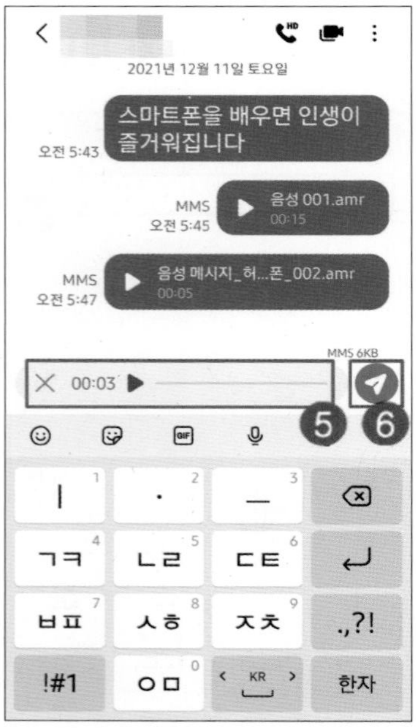

1 ① **[전화번호]** 입력 또는 **[연락처]**에서 검색하여 **[받는 사람]**을 입력합니다.
② 메시지 입력창 오른쪽의 **[음성녹음]** 버튼을 손가락을 떼지 않고 길게 누릅니다.

2 ③ **[음성녹음]** 버튼을 누른 상태로 녹음을 하고 녹음이 끝나면 손가락을 뗍니다.
④ 녹음하는 동안 음성을 인식하고 있습니다.

3 ⑤ 플레이 버튼 **[▶]**을 터치하여 녹음을 들어보고 삭제 **[-]** 할 수도 있습니다.
⑥ **[보내기]** 버튼을 터치하면 음성녹음이 전송됩니다.

CHECK 리스트

22강 스마트폰 하나면 나도 사진 작가다!

1 카메라 설정 및 메뉴(갤럭시 노트10)

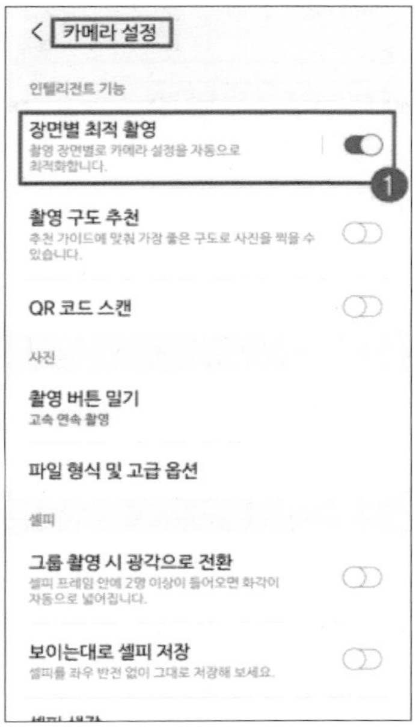

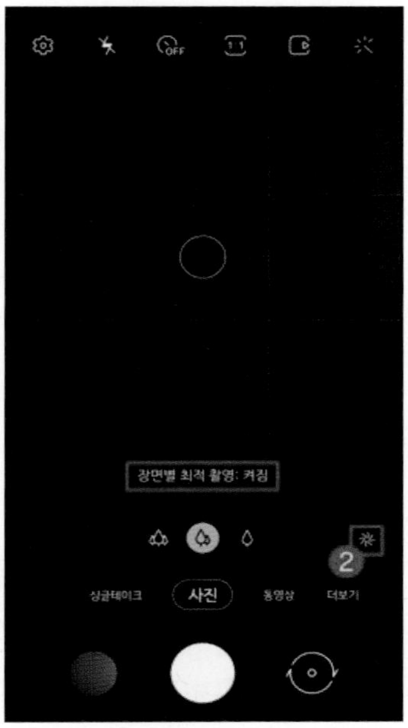

1 [카메라 어플]을 터치합니다. 2 ① 카메라 설정 ⚙에서 [장면별 최적 촬영]을 활성화합니다.

3 ② 촬영 화면에서 피사체에 따라 [해변 건물 문서 인물 산 야경]으로 아이콘이 바뀝니다.

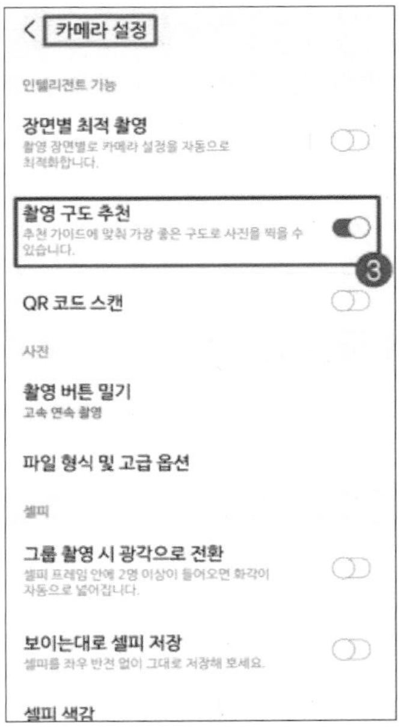

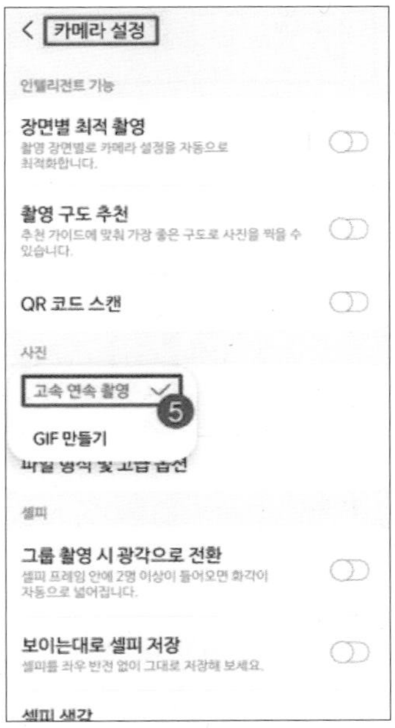

1 ③ 카메라 설정에서 **[촬영 구도 추천]**을 활성화합니다.

2 ④ 피사체가 촬영 화면 안에 보이면 **[베스트 샷 구도 안내선]**에 따라 촬영할 수 있습니다.

3 ⑤ 움직이는 피사체를 연속으로 촬영할 때 사용합니다.

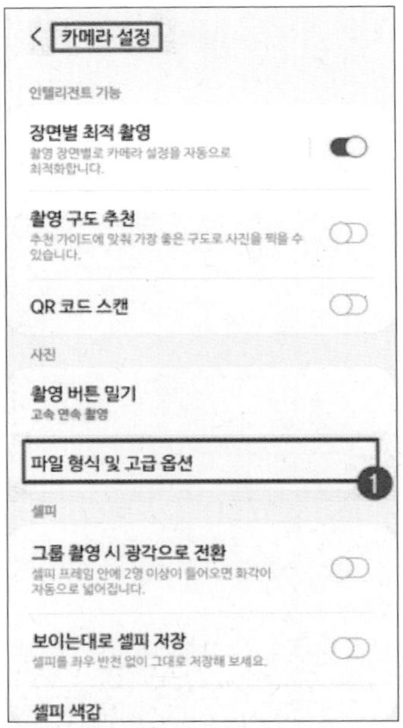

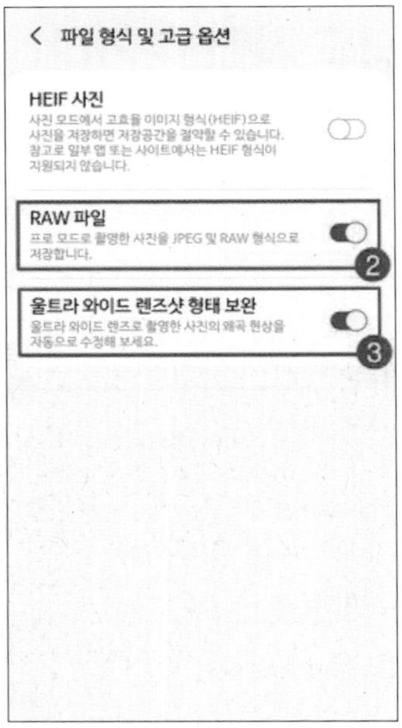

1 ① 카메라 설정에서 **[파일 형식 및 고급 옵션]** 메뉴를 터치합니다.

2 ② 이미지 저장을 위한 **[RAW 파일 또는 JPEG 형식]**을 활성화합니다. ③ **[울트라 와이드 렌즈샷 형태보완]**을 활성화하면 광각으로 촬영 시 발생하는 사진의 왜곡현상을 자동으로 수정합니다.

3 ④ [HDR] 기능을 자동으로 설정하면 풍부한 자연 색조의 이미지를 얻을 수 있습니다.

1 ⑤ 움직이는 대상의 촬영 시 **[대상추적 AF]** 기능을 활성화합니다.

● 사진촬영 TIP

카메라 설정 → 피사체 확인 → 화면, 필터 선택 → 촬영버튼 터치 → 미리보기 확인 → 갤러리 저장 확인

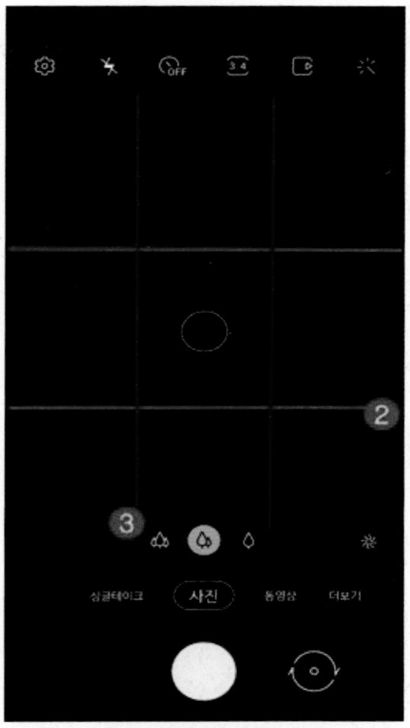

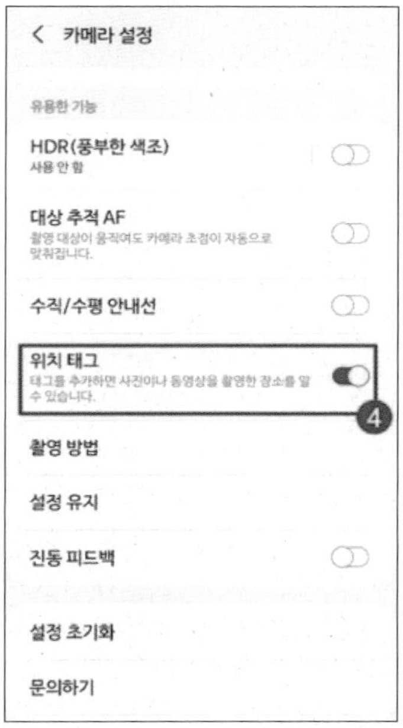

1 ① 카메라 설정의 유용한 기능 메뉴에서 **[수직 / 수평 안내선]**을 활성화합니다.

2 ② 수평 안내선과 ③ 수직 안내선입니다.

3 ④ 사진이나 동영상 촬영한 장소를 기록하기 위해 **[위치 태그]**를 활성화합니다.

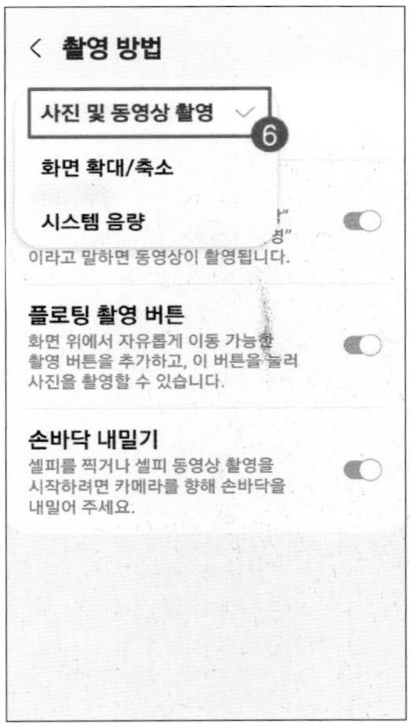

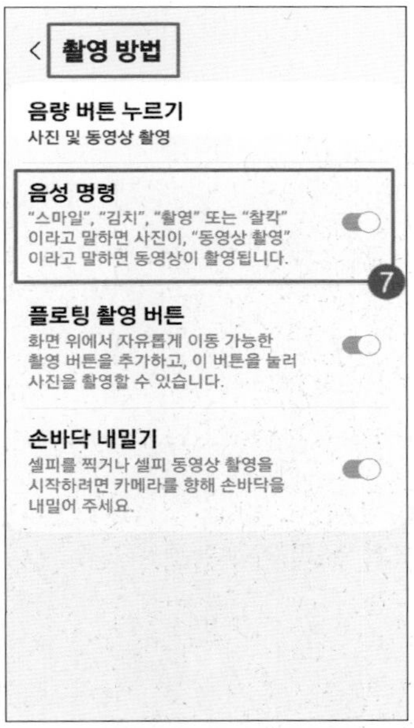

1 ⑤ 위치 아이콘이 활성화됩니다.

2 ⑥ 카메라 설정의 촬영 방법에서 **[음량 버튼 누르기]**를 터치하고 사진 및 동영상 촬영 메뉴를 선택합니다. 확대, 축소 메뉴나 시스템 음량을 선택할 수 있습니다.

3 ⑦ **[음성 명령]**을 활성화하면 **"스마일", "김치", " 촬영 "**이라고 말하면 촬영됩니다.

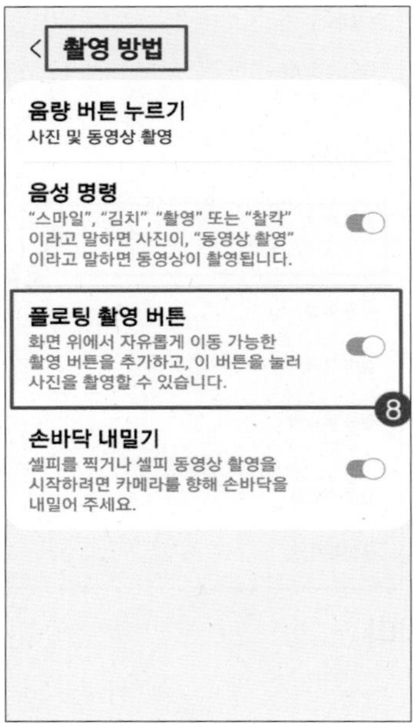
촬영 방법
음량 버튼 누르기
사진 및 동영상 촬영
음성 명령
"스마일", "김치", "촬영" 또는 "찰칵" 이라고 말하면 사진이, "동영상 촬영" 이라고 말하면 동영상이 촬영됩니다.
플로팅 촬영 버튼
화면 위에서 자유롭게 이동 가능한 촬영 버튼을 추가하고, 이 버튼을 눌러 사진을 촬영할 수 있습니다.
손바닥 내밀기
셀피를 찍거나 셀피 동영상 촬영을 시작하려면 카메라를 향해 손바닥을 내밀어 주세요.
8

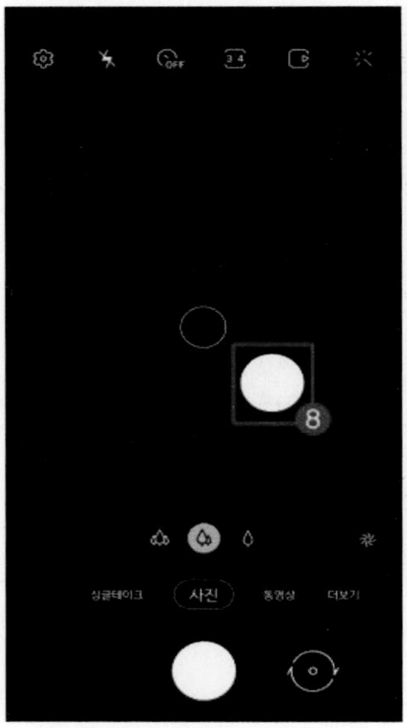
8
사진

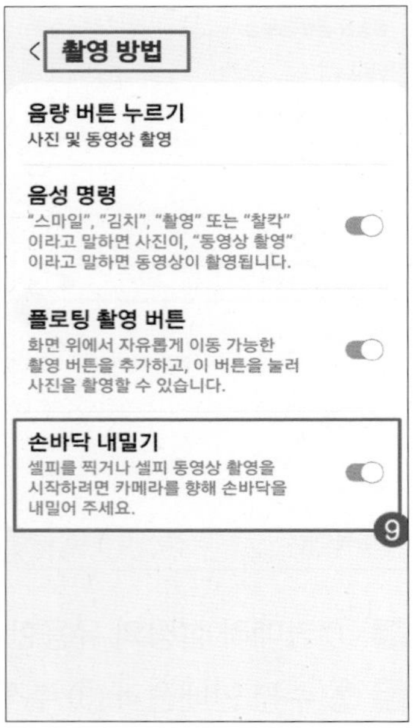
촬영 방법
음량 버튼 누르기
사진 및 동영상 촬영
음성 명령
"스마일", "김치", "촬영" 또는 "찰칵" 이라고 말하면 사진이, "동영상 촬영" 이라고 말하면 동영상이 촬영됩니다.
플로팅 촬영 버튼
화면 위에서 자유롭게 이동 가능한 촬영 버튼을 추가하고, 이 버튼을 눌러 사진을 촬영할 수 있습니다.
손바닥 내밀기
셀피를 찍거나 셀피 동영상 촬영을 시작하려면 카메라를 향해 손바닥을 내밀어 주세요.
9

1 2 ⑧ 촬영방법에서 **[플로팅 촬영버튼]**을 활성화하면 두 번째 사진과 같이 또 하나의 촬영 버튼이 생깁니다.
3 ⑨ 촬영 방법에서 **[손바닥 내밀기]**를 활성화할 수도 있습니다.

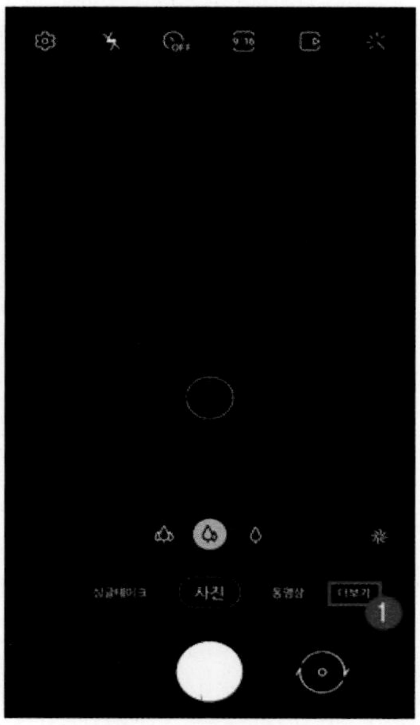
사진
1

2
더보기

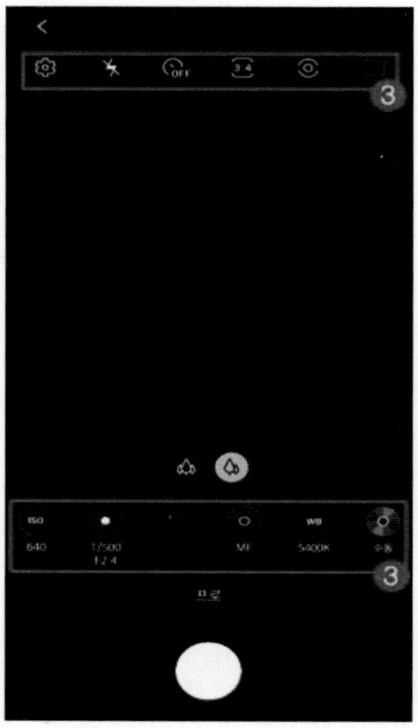
3
3

1 ① 카메라 메인 화면에서 **[더보기]**를 터치하면 2 사진 촬영 **[프로]** 버전을 선택할 수 있습니다.
3 ③ 에서 보여지는 메뉴들을 설정하여 촬영하면 더 좋은 결과물을 얻을 수 있습니다.

2 카메라 설정 및 메뉴(더보기)

1)파노라마 사진 / 음식 사진 촬영하기

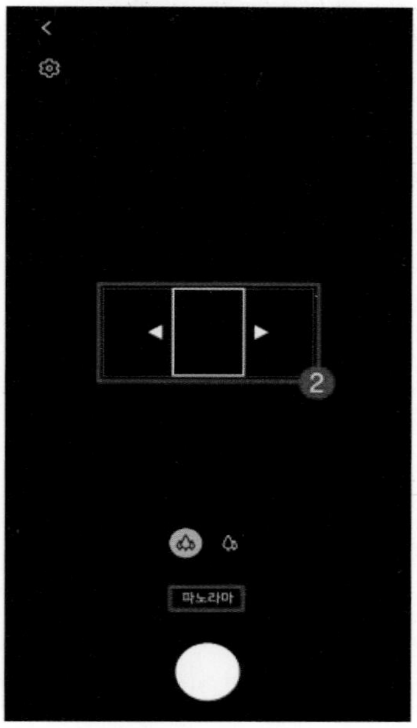

1 카메라 더보기 화면에서 **[파노라마]** 아이콘을 터치합니다.

2 ① 파노라마 사진은 넓은 풍경을 촬영할 때 사용합니다. 카메라 촬영 버튼을 누르고, 카메라를 한쪽 방향으로 천천히 움직입니다.

3 ② 파노라마 사진은 360도를 촬영할 수 있습니다.

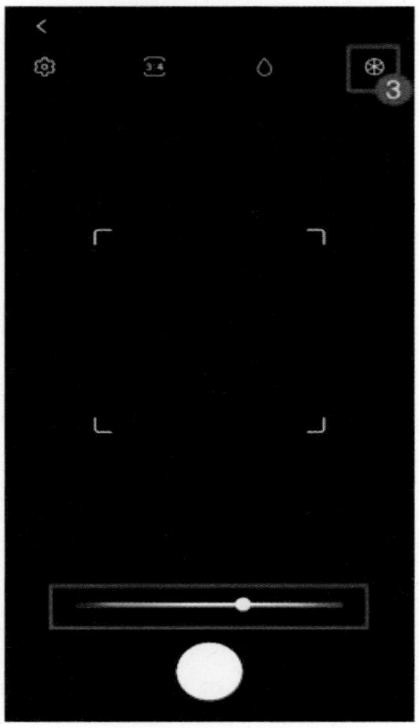

1 ① 카메라 더보기 화면에서 **[음식]** 아이콘을 터치합니다.

2 ② 화면 오른쪽 상단의 **[블러 기능]**을 터치하면 **[동그라미 영역]**이 표시됩니다. 음식사진이 돋보이게 촬영할 수 있습니다.

3 ③ 음식 사진을 촬영할 때 **[채도]**를 조절할 수 있습니다.

2) 야간사진 촬영하기 / 셀카, 엣지 화면

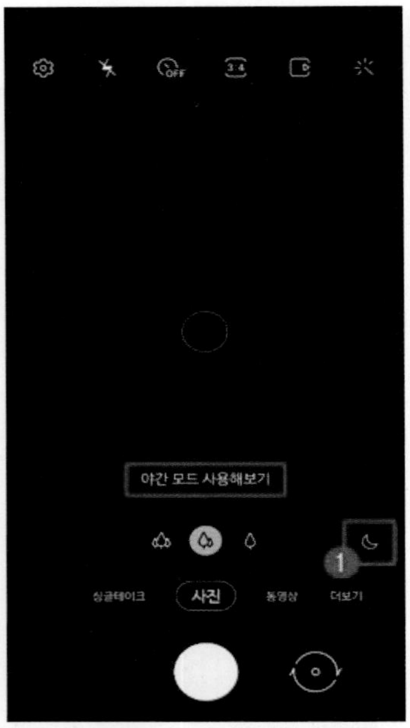

1 어두운 곳이나, 야간에 촬영 할 때는 카메라 더보기 화면에서 **[야간 모드]**를 터치합니다.

2 ① 야간 모드를 사용하면 밝게 촬영된 이미지를 얻을 수 있습니다.

1 ② **[셀카를 촬영할 때]**를 터치합니다.

2 ③ **[셀피 색감]**을 원하는 대로(차갑게, 따뜻하게) 설정할 수 있습니다.

3 ④ 오른쪽으로 화면을 밀면 **[카메라]**아이콘이 보입니다. 간단하게 **[엣지 화면]**에서도 사진 촬영을 할 수 있습니다.

3) 인물사진 촬영하기

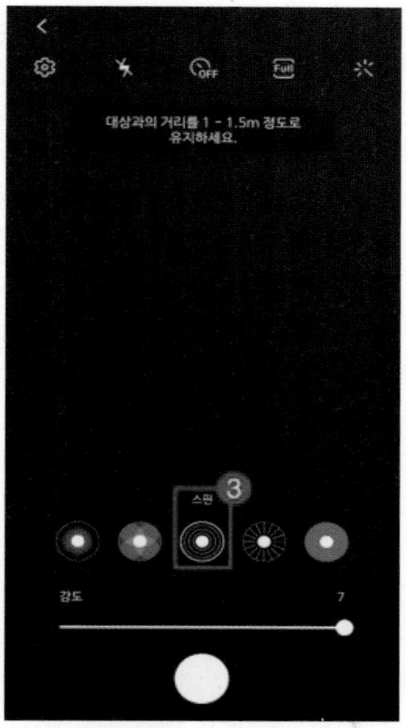

1 ① 카메라 더보기 화면에서 **[인물 사진]**을 터치합니다.

2 ② 피사체인 인물 주변을 뽀사시하게 하는 **[블러 기능]**입니다.

3 ③ 인물 주변을 빙글빙글 돌려주는 **[스핀 기능]**입니다.

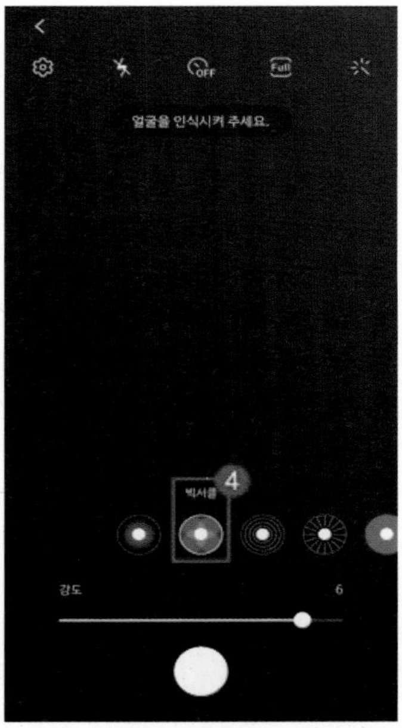

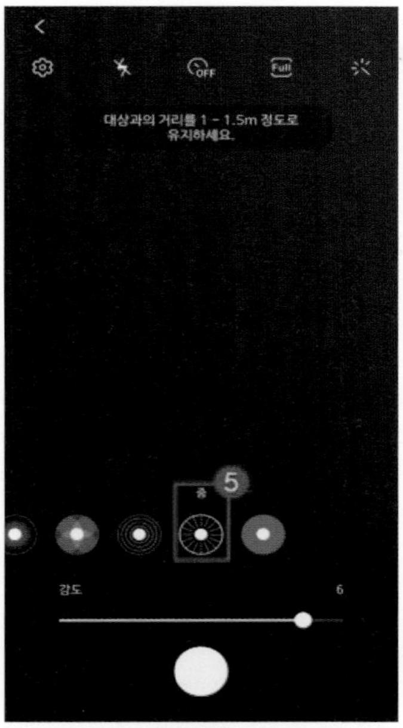

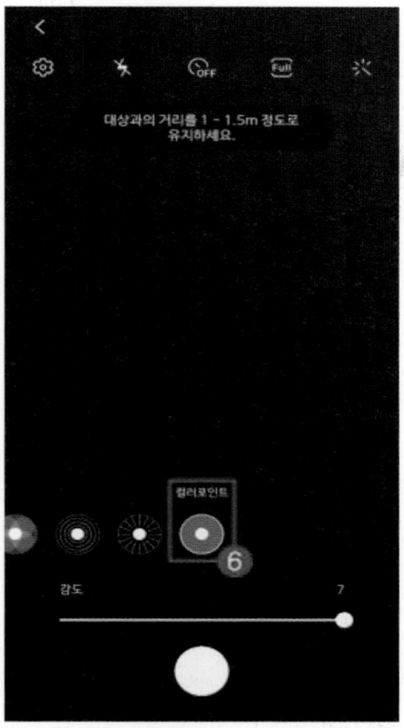

1 ④ 인물 주변이 몽환적인 느낌이 되는 **[빅서클 기능]**입니다.

2 ⑤ 인물을 클로즈업 할 수 있는 **[줌 기능]**입니다.

3 ⑥ 피사체 인물 주변 모두를 흑백으로, 인물만 컬러로 만드는 **[컬러포인트 기능]**입니다.

4) 프로 동영상 / 일반 동영상 촬영하기

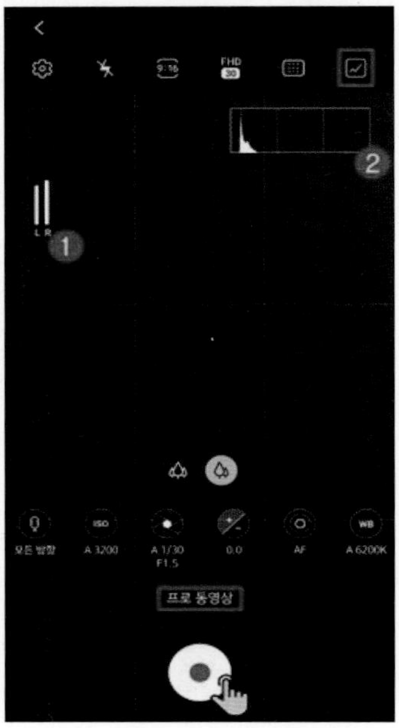

1 **[프로 동영상]** 촬영은 ① 좌우 입력되는 음량과 ② 피사체의 촬영 히스토그램 확인도 가능합니다.

2 ③ **[일반 동영상]** 촬영을 위해 셔터를 터치합니다.

3 ④ 동영상을 찍을 때 녹화되는 시간만 확인할 수 있습니다. ⑤ 동영상 촬영을 중지할 수 있습니다.

5) 싱글테이크 / 슈퍼 슬로우 모션 / 하이퍼랩스

1 ① **[싱글테이크]** 기능은 한 번의 촬영(설정한 5초-15초 동안)으로 다양한 결과물을 얻을 수 있습니다.

2 ② **[슈퍼 슬로우 모션]** 기능은 점프샷 등 역동적인 사진을 느리게 보이게 할 때 사용합니다.

3 ③ **[하이퍼랩스]** 기능은 결과물을 빠르게 압축하여 보여줍니다.

3 카메라 설정 및 메뉴(더보기)

1)화면 크기와 사진의 관계

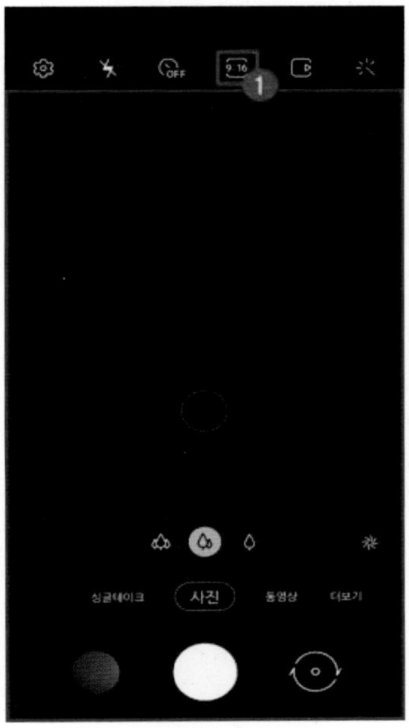

16:9 화면

피사체에 따라 화면크기를 설정합니다.

1 ① 풍경사진인 경우는 **[9:16]보다**는 [16:9] 화면으로 촬영하는 것이 보기 좋습니다.

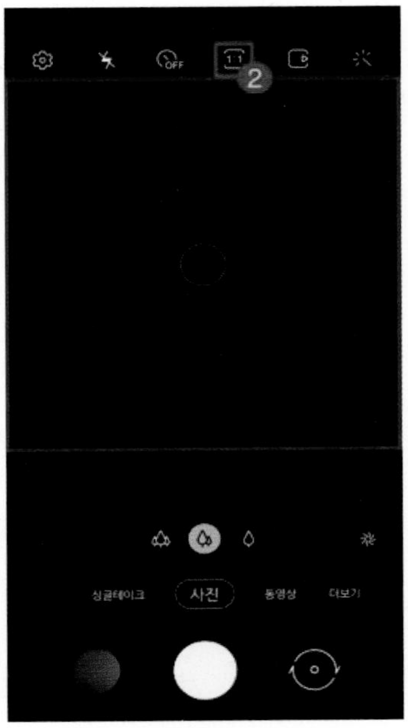

1 : 1 화면

2 ② **[1:1 화면]**은 음식 사진이나 인스타그램용으로 촬영하기에 좋습니다.

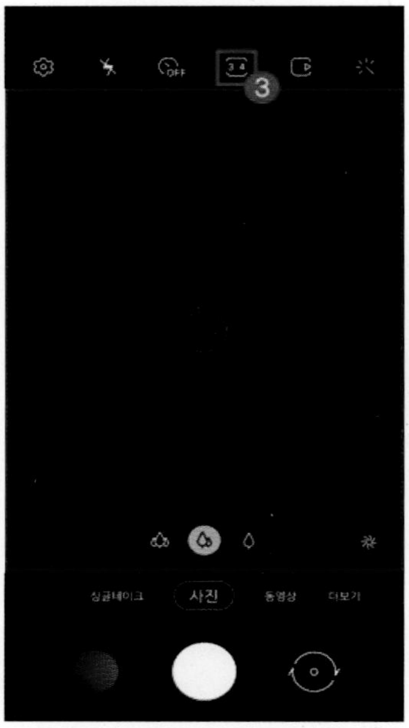

❸ ③ 인물을 촬영할 때에는 **[3:4 또는 4:3화면]** 비율로 촬영하는 것이 좋습니다.

CHECK 리스트

2) 사진의 색감을 결정(수동으로 설정할 때)하는 기능들

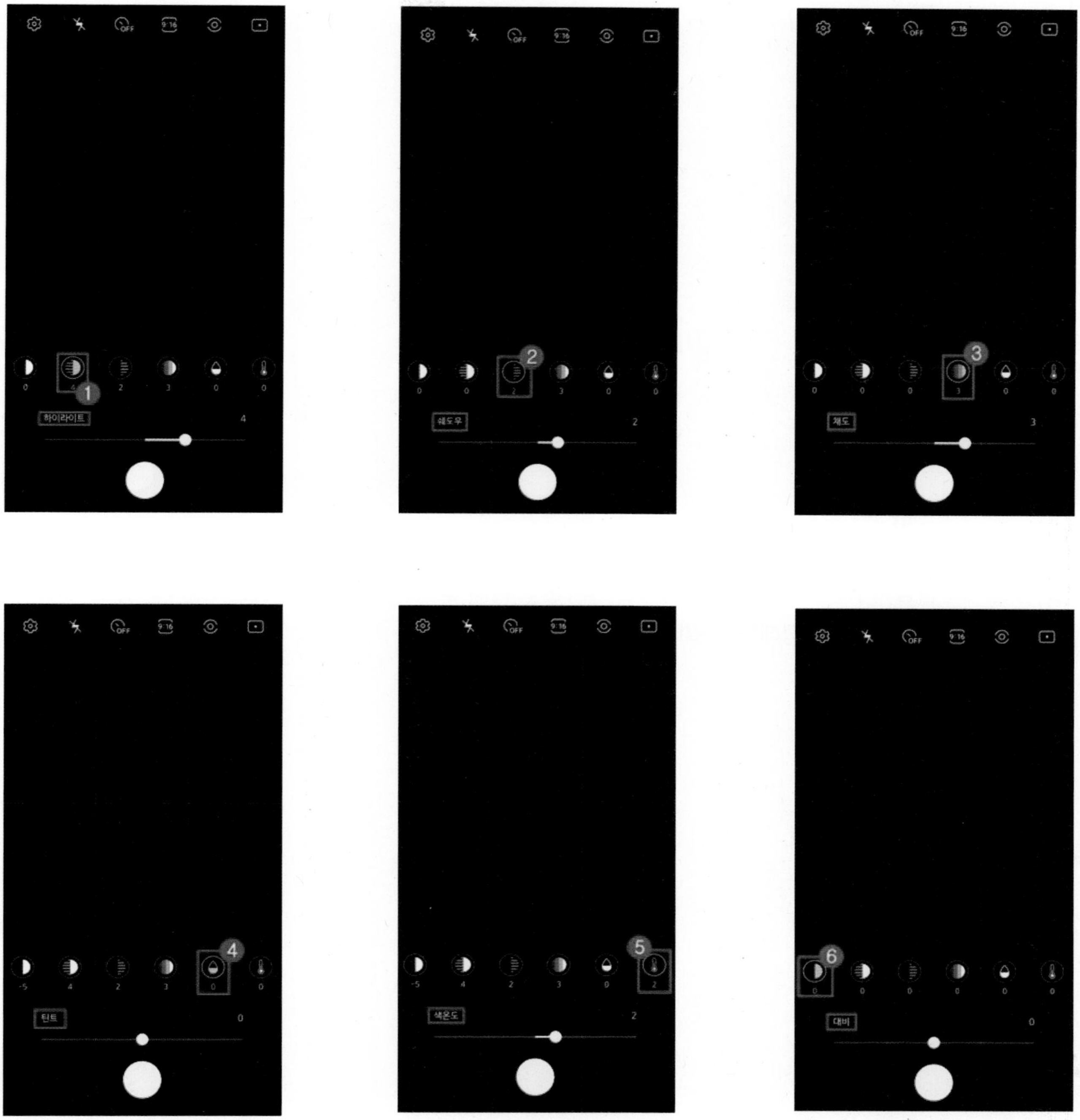

1 ① [하이라이트], 2 ② [섀도우], 3 ③ [채도], 4 ④ [틴트], 5 ⑤ [색온도], 6 ⑥ [대비]는 전체적인 사진의 색감을 설정합니다.

3) 필터 기능 설정하기

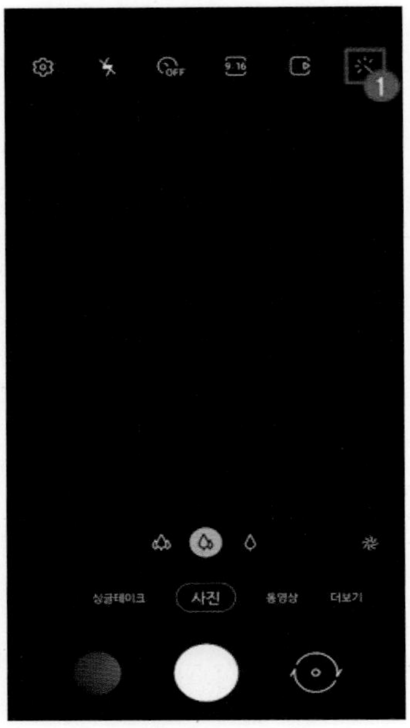

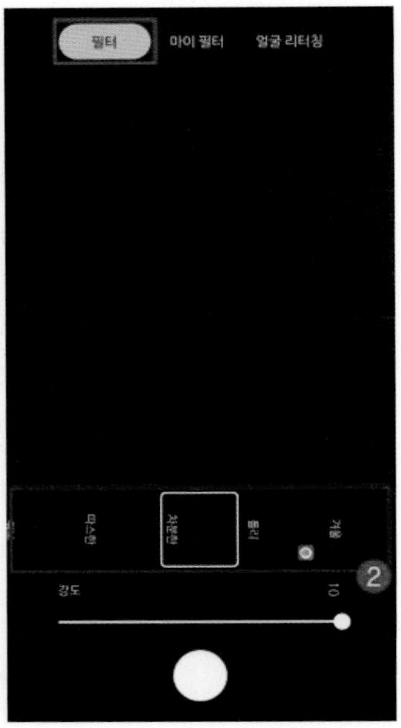

❶ ① **[필터 기능]**을 터치합니다.

❷ ② 필터 **[설정바]**를 오른쪽으로 움직이면 차가운 느낌의 컬러로, 왼쪽은 따뜻한 느낌으로 변합니다.

❸ ③ **[마이필터]**는 미리 정해놓은 필터를 적용할 수 있습니다.

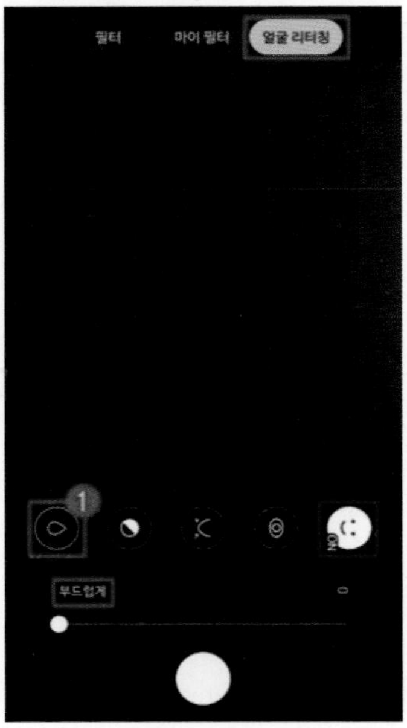

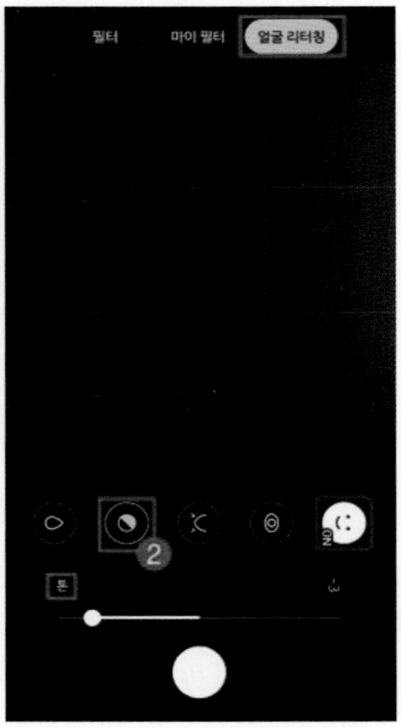

❶ 필터 기능 중의 하나인 **[얼굴 리터칭]**은 ① 얼굴을 부드럽게 할 수 있고 ❷ ② **[피부톤]** 을 원하는 대로 조절하며 ❸ ③ **[V라인]**을 만들고 ④ **[눈을 크게]** 수정할 수 있습니다.

4) 프로 버전 수동으로 설정하기

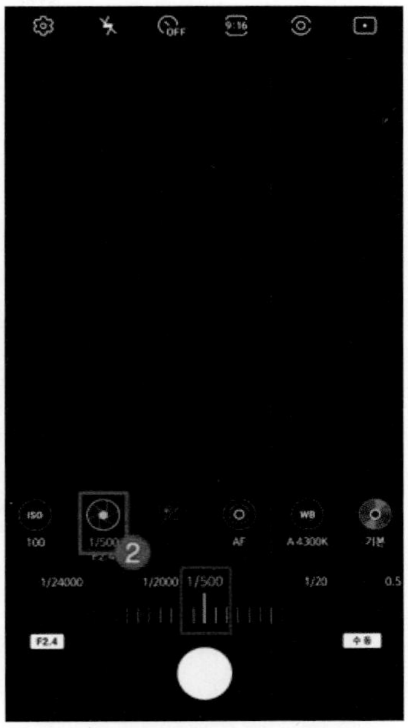

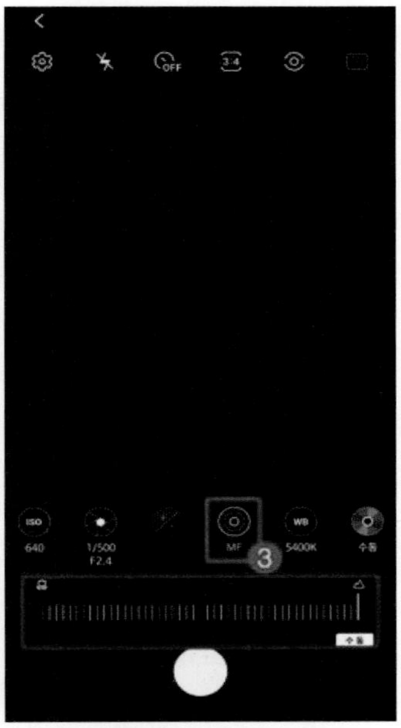

1 ① **[ISO감도]**는 스스로 빛에 반응하는 정도를 나타내는데, ISO감도 수치가 높을 때는 사진이 밝아지나, 화면은 거칠어집니다.

2 ② **[셔터스피드]** 설정은 피사체 움직임의 속도에 따라 각각 다릅니다.

3 ③ 수동으로 피사체의 **[초점 거리]**를 설정합니다.

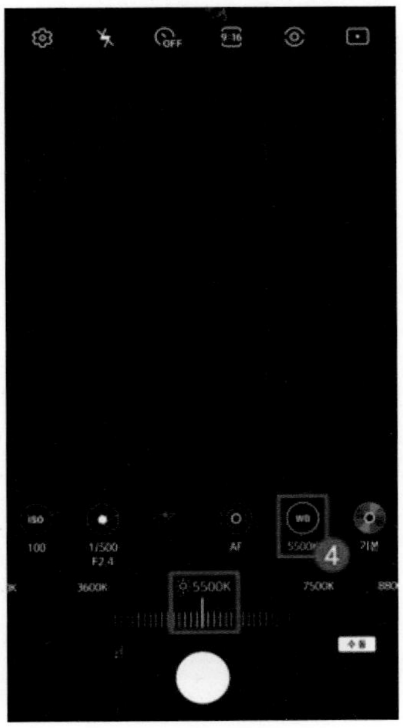

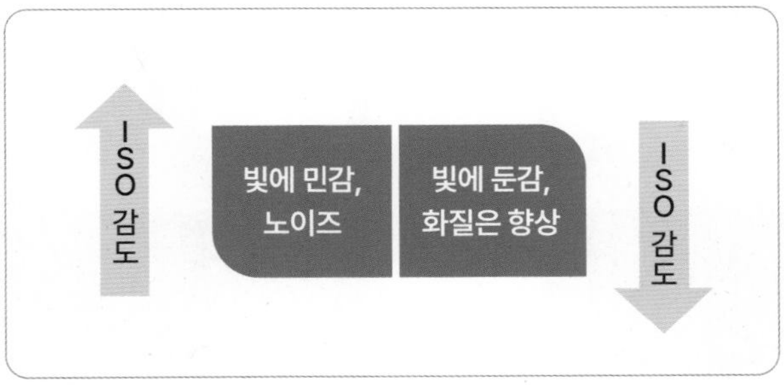

1 ④ **[화이트밸런스]** 기능은 자연스러운 사진의 색을 얻을 수 있게 합니다. 스마트폰 카메라에서는 2,300K에서 10,000K(캘빈도)까지 적용됩니다. 수치가 높을수록 붉은색을, 낮을수록 푸른색을 나타냅니다. 참고로 맑은 날 낮의 태양은 5,500K입니다.

3 카메라 설정 및 메뉴(더보기)

1)갤러리 사진 편집하기 - 자르기 / 필터

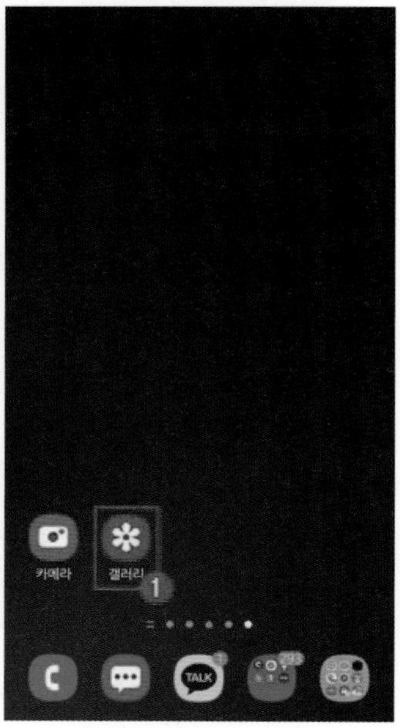

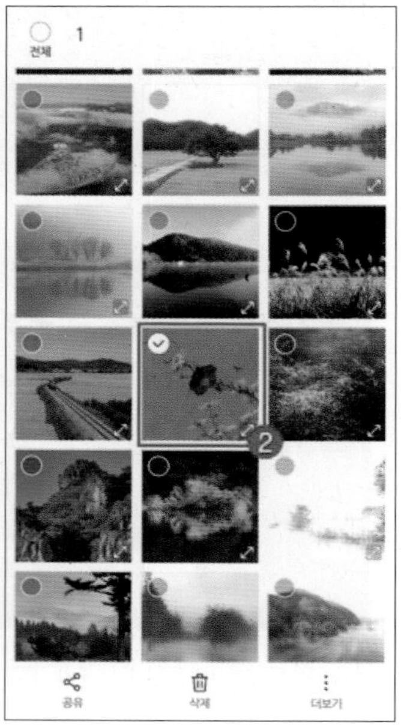

1 ① 포토에디터는 **[갤러리]**에서 사진을 편집할 수 있습니다.

2 ② 갤러리에서 **[사진]**을 선택합니다. 3 ③ 원하는 사진을 **[자르기]** 할 수 있습니다.

1 ④ **[필터 기능]**을 터치합니다.

2 다양한 색감의 사진은 물론 흑백사진으로 바꿀 수도 있습니다.

3 ⑤ **[마이필터]** 나만의 필터로 사진의 색감을 편집할 수 있는 기능입니다.

2) 갤러리 사진 편집하기 - 사진의 명암

1 ① 사진의 [밝기], 2 [노출], 3 ③ [대비]를 편집할 수 있습니다.

1 ④ [하이라이트], 2 ⑤ [그림자]의 강도를 편집할 수 있는 기능입니다.

3) 갤러리 사진 편집하기 - 스티커 추가

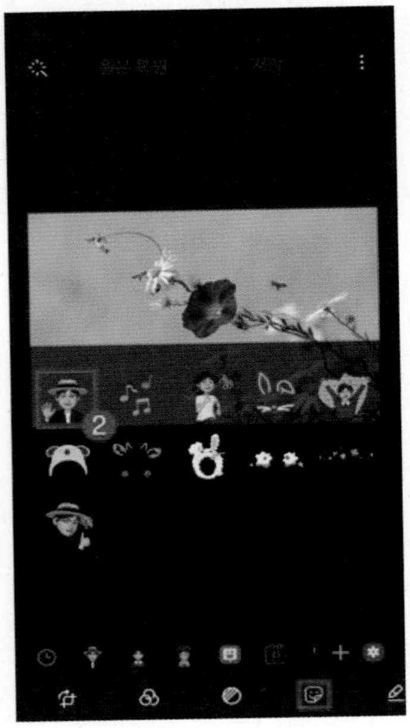

1 ① 갤러리 하단의 **[스티커]** 버튼을 터치합니다.

2 ② 여러 가지 다양한 **[스티커]**가 보입니다.

3 ③ 원하는 **[스티커]**를 추가하고 저장합니다.

4) 갤러리 사진 편집하기 - 텍스트 추가

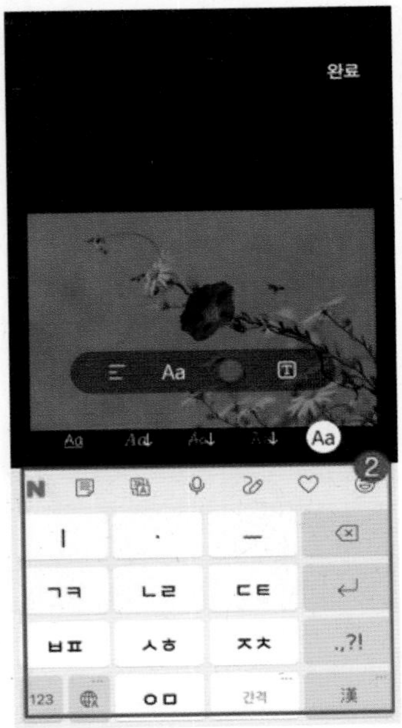

1 ① **[텍스트 추가]**를 터치합니다.

2 ② 글자판과 커서가 보이면 텍스트를 입력합니다.

3 ③ **[텍스트]**가 잘 들어갔는지 확인 후 저장합니다.

23강 갤러리에서 사진 및 동영상 폴더 만들고 관리하기

1 갤러리 관리하기 - 앨범 만들기

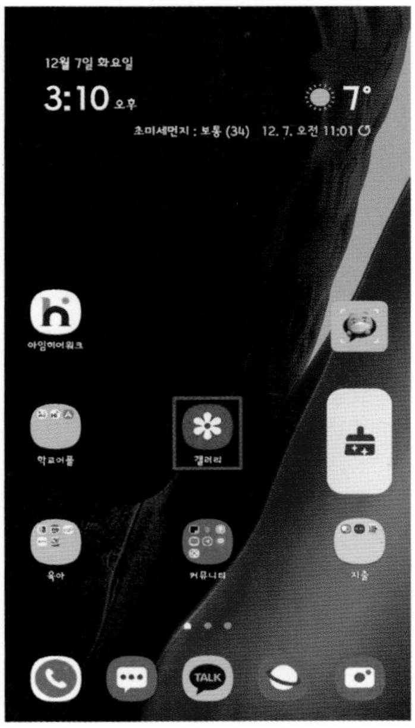

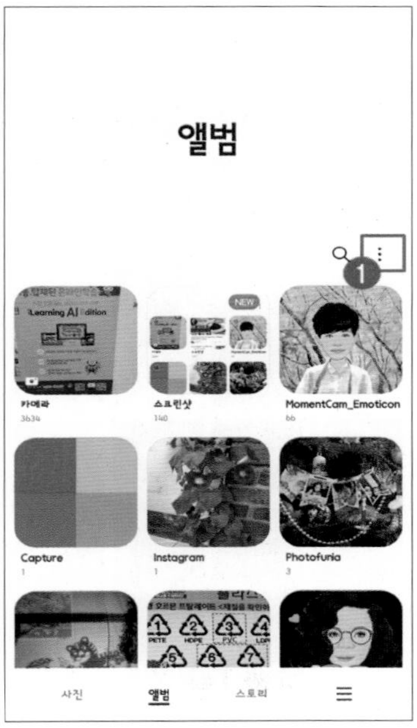

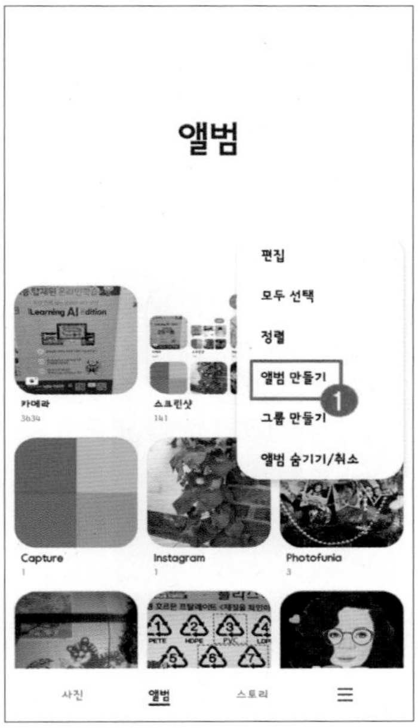

1 ① [갤러리]를 터치합니다.

2 하단에 있는 앨범을 터치 후 ① 오른쪽 [⋮] 을 터치합니다.

3 메뉴에서 ① [앨범 만들기]를 터치합니다.

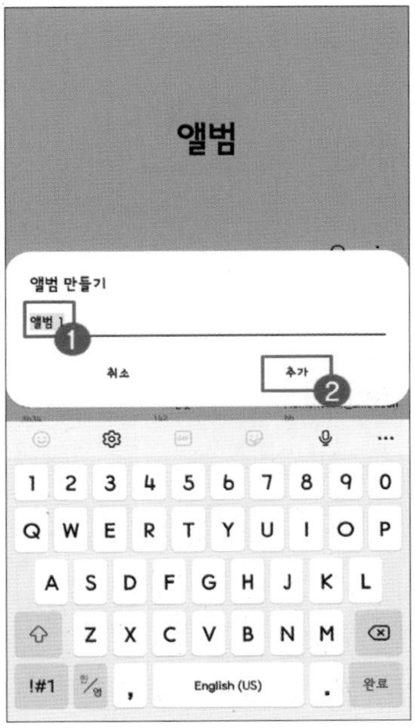

1 앨범 만들기 ① 앨범 [이름]을 입력합니다. ② [추가] 버튼을 터치합니다.

2 앨범1이 추가되었습니다.

24강 갤러리 휴지통 및 즐겨찾기 활용하기

1 갤러리 휴지통 기능

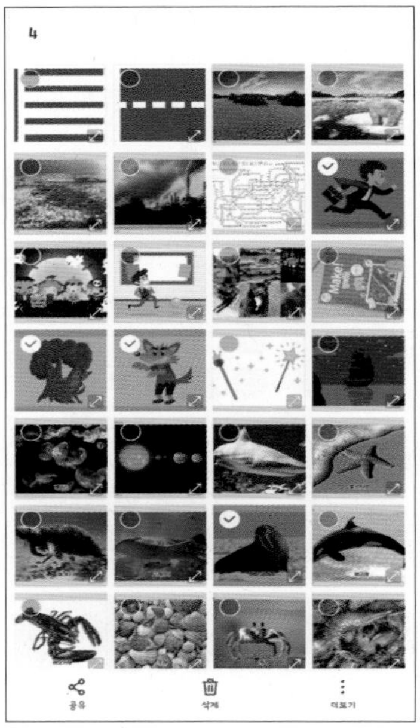

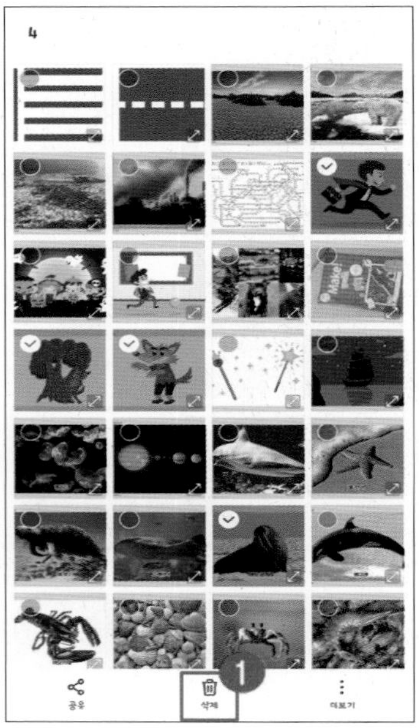

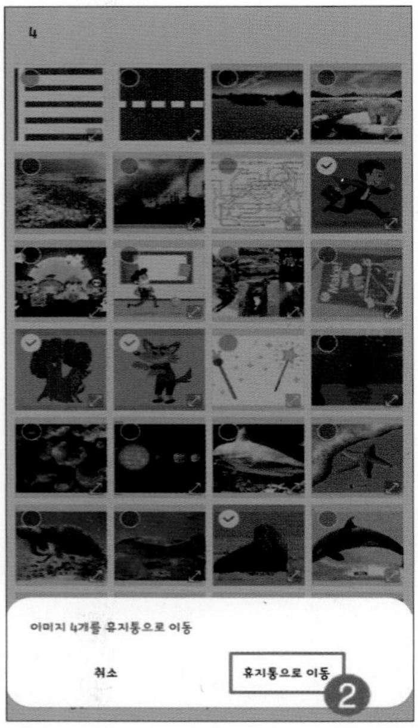

1 사진목록에서 삭제할 사진을 선택합니다.

2 ① 사진을 선택 후 **[삭제]**를 터치합니다.

3 ② 사진 삭제가 맞는지 창이 뜹니다. 여기서 **[휴지통으로 이동]**을 다시 한번 터치합니다.

1 사진목록에서 사진이 삭제되었습니다. 삭제된 사진을 보려면 ③ **[☰]**을 터치합니다.

2 ④ **[휴지통]**을 터치합니다.

3 ⑤ 휴지통목록에 삭제한 사진이 보입니다.

1 사진을 실수로 삭제하였을 경우 ⑥ 사진목록에서 **[☰]**을 터치합니다.
2 ⑦ **[휴지통]**을 터치합니다.
3 ⑧ 사진을 선택하고 **[복원]**을 터치합니다.

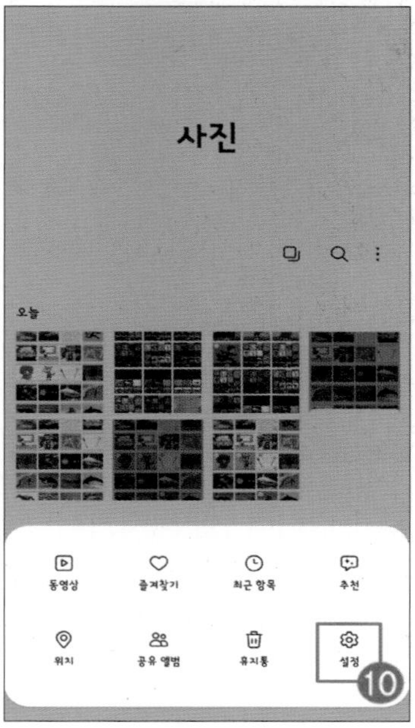

1 복원한 사진은 목록에 다시 나타납니다.
2 ⑨ 삭제한 사진 및 동영상을 복원하기 위해서는 **[☰]**을 터치합니다.
3 ⑩ **[설정]**을 터치합니다.

1 갤러리 설정 목록에서 휴지통을 **[체크]**합니다. 휴지통을 활성화하면 사진 및 동영상이 30일 동안 보관됩니다. 휴지통을 비활성화일 경우 사진 및 동영상은 바로 삭제됩니다.

2 갤러리 즐겨찾기

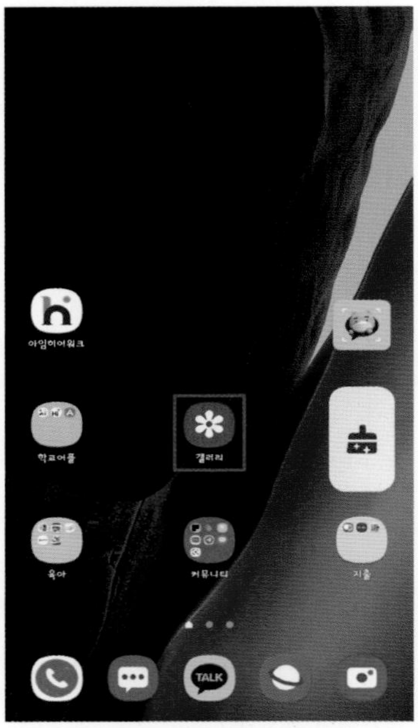

1 **[갤러리]**를 터치합니다.

2 ① 사진목록에서 즐겨찾기 할 사진을 선택합니다.

3 ① 사진 하단에 **[♡]**를 터치합니다.

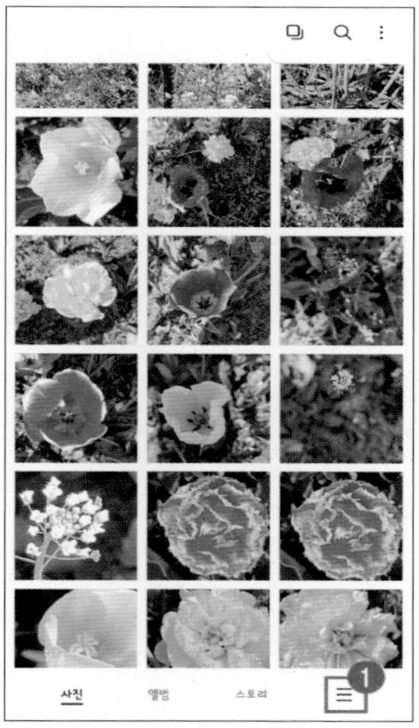

1 하트모양이 빨간색으로 바뀌었습니다.

2 사진목록에서 보면 사진 위에 빨간색 하트가 나타납니다.

3 ① [☰]을 터치합니다.

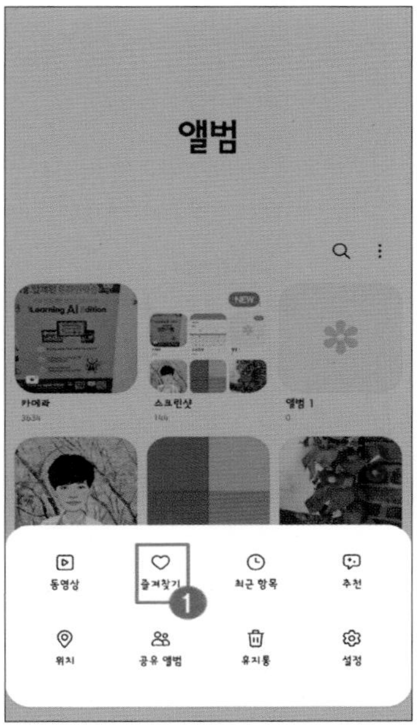

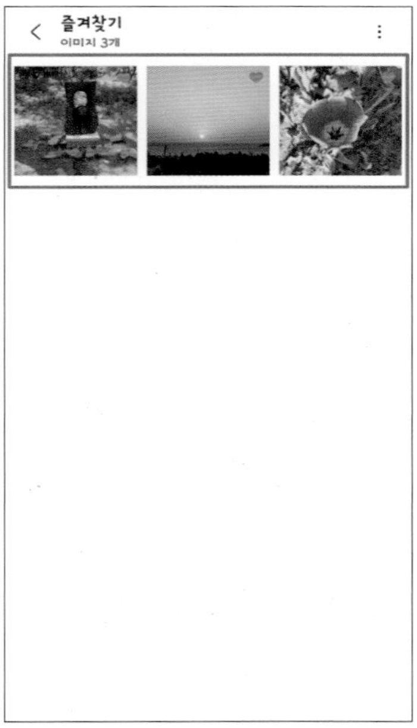

1 ⑦ [즐겨찾기]를 터치합니다.

2 ⑧ 즐겨찾기를 선택한 사진을 볼 수 있습니다.

CHECK 리스트

25강 지메일 계정 설정만 제대로 알아도 스마트폰 활용이 즐겁다

1 구글 계정 만들기

1 ① [구글 앱]을 찾아 실행합니다.

2 ② [본인 사진] 또는 [로그인]을 터치합니다.

3 ③ [Google 계정관리]를 터치합니다.

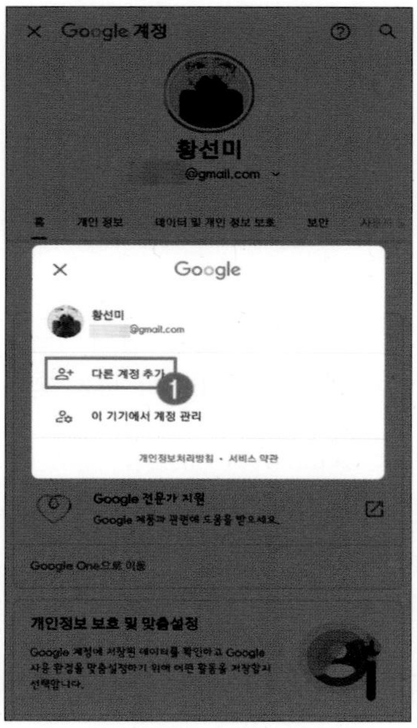

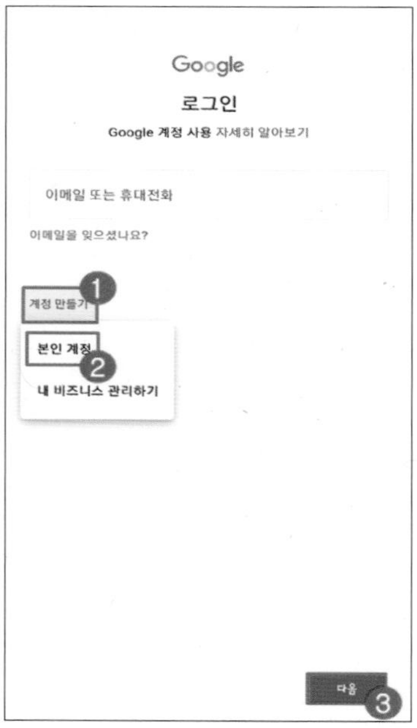

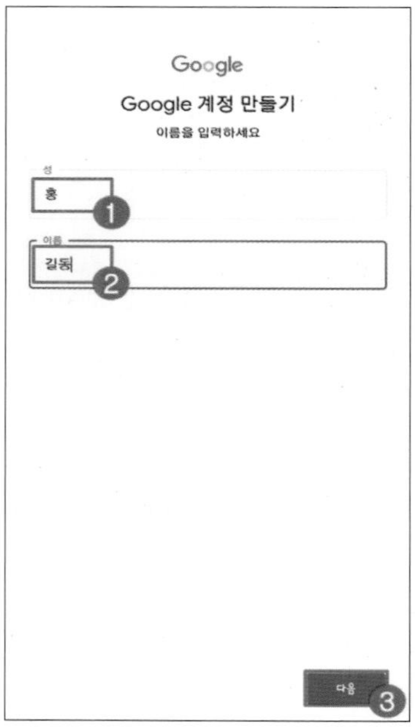

1 ① [다른 계정 추가]를 터치합니다.

2 ① [계정 만들기]를 터치하면 ② [본인 계정]을 터치 후 ③ [다음]을 터치합니다.

3 ① 자신의 [성]과 ② [이름]을 입력한 후 ③ [다음]을 터치합니다.

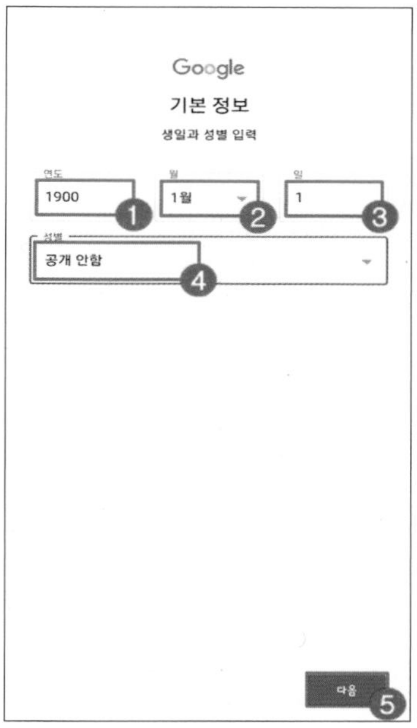

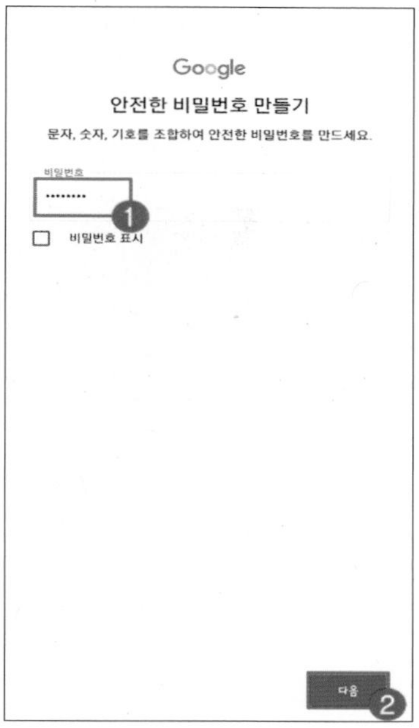

1 ① [**출생연도**]를 입력합니다. ② 역삼각형을 터치하여 [**태어난 달**]을 선택합니다. ③ [**태어난 날짜**]를 입력합니다. ④ 역삼각형을 터치하여 [**성별**]을 선택합니다. ⑤ [**다음**]을 터치합니다.

2 ① [**사용자 이름**]에 사용할 아이디를 입력합니다 (이미 다른 사용자가 이용하고 있다는 문구가 나옵니다). ② 사용 가능한 아이디를 추천해 주니 그중에서 선택합니다. ③ [**다음**]을 터치합니다.

3 ① 앞으로 사용할 [**비밀번호**]를 입력합니다. ② [**다음**]을 터치합니다.

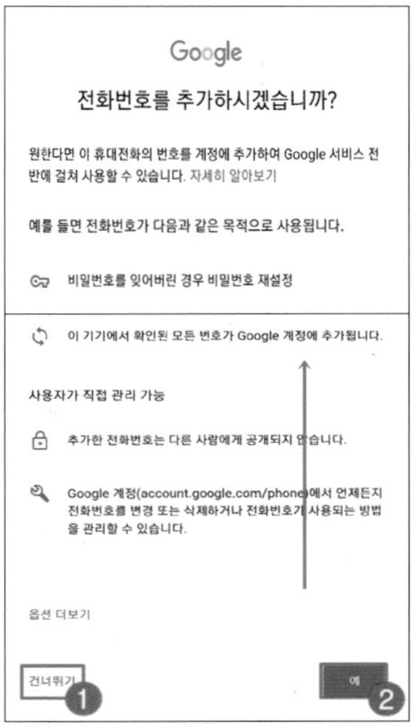

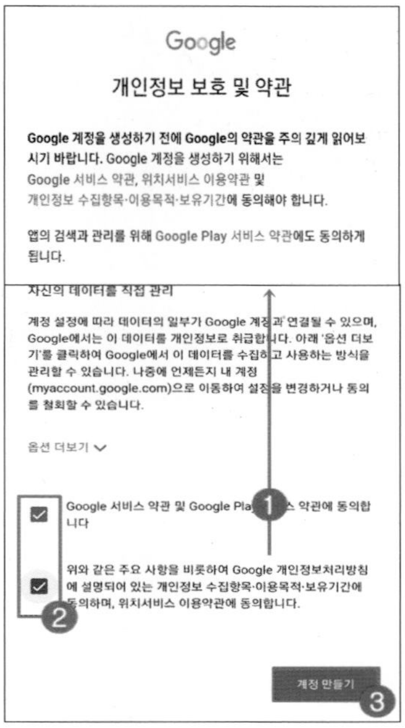

1 전화번호 추가 화면입니다. ① [**건너뛰기**] 해도 되고 ② [**예**]를 터치하여 등록해도 됩니다.

2 ① 계정을 확인한 후 ② [**다음**]을 터치합니다.

3 ① 개인정보 보호 약관 화면을 위로 올려 ② 동의 사항을 읽어본 후 [**체크**]합니다. ③ 하단에 [**계정 만들기**]를 터치합니다.

26강 인공지능 음성서비스 구글 어시스턴트

1 구글 어시스턴트 설치, 실행

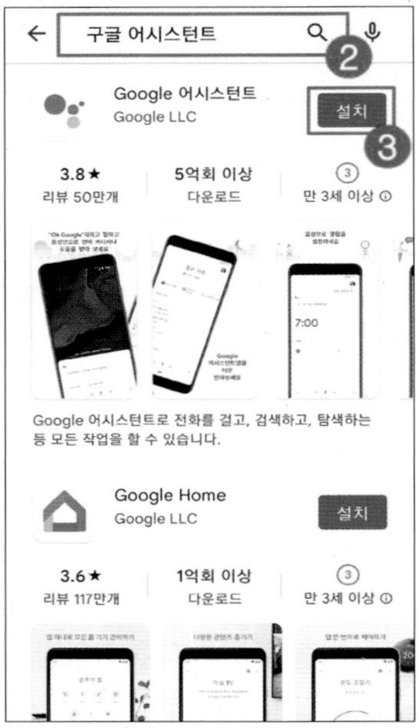

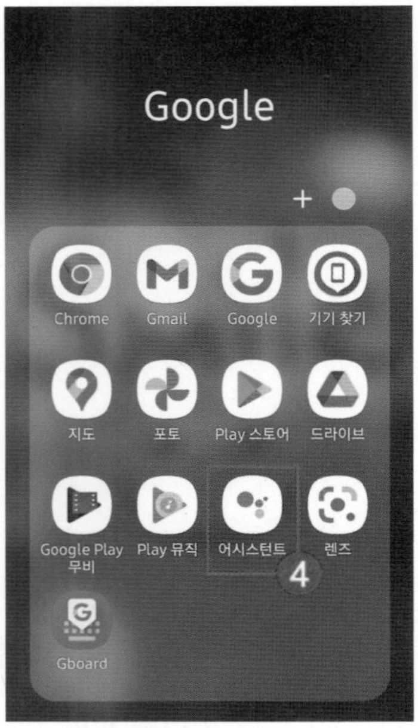

1 ① [구글 플레이 스토어] 앱을 터치하여 실행합니다. 2 ② [검색창]에 [구글 어시스턴트]를 검색하여 ③ [설치]를 터치합니다. 3 ④ [어시스턴트] 앱을 터치하여 실행합니다.

1 [음성]으로 명령어를 말합니다. "2분 타이머 설정해 줘"라고 말하면 타이머를 바로 실행합니다.

2 ① [구글] 앱을 실행하여 [검색창]의 [마이크]를 터치합니다. 3 ② [듣는 중]이라고 나오면 원하는 명령어를 말합니다. 노래를 들려주고 검색할 수도 있고 전화나 문자를 하라고 명령할 수도 있습니다.

2 구글 어시스턴트 음성 모델 학습

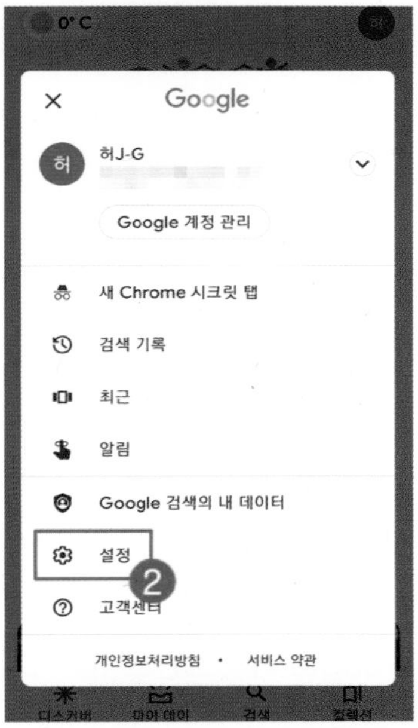

1 ① [구글 앱]을 실행시켜 상단 오른쪽의 [내 계정]을 터치합니다. 2 ② 메뉴 중 [설정]을 터치합니다.
3 ③ [구글 어시스턴트]를 터치합니다. ④ [Hey Google 및 Voice Match]를 터치합니다. 내 목소리를 구글 어시스턴트에 입력하여 명령어를 더 잘 인식하고 실행하게 합니다.

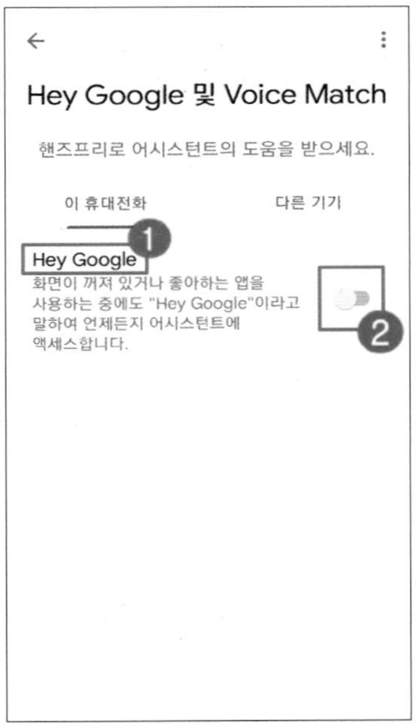

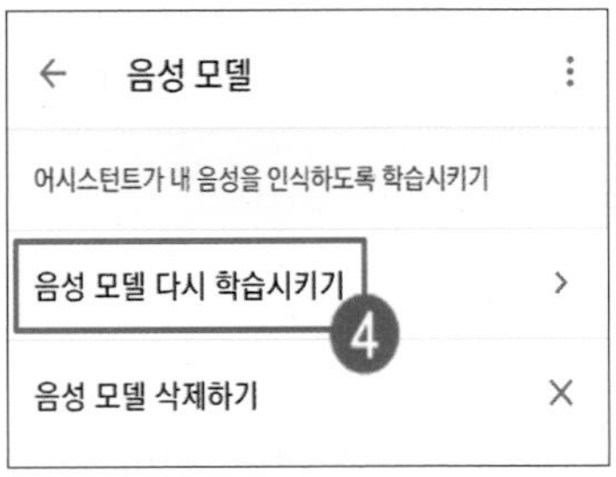

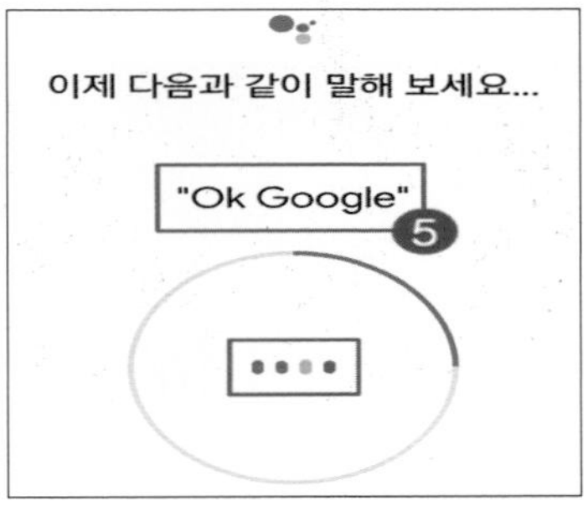

1 ① [Hey Google]을 터치하여 ② [활성화] 합니다. 처음 하면 동의를 누르시면 됩니다.
2 ③ [음성 모델]을 터치합니다. ④ [음성 모델 다시 학습시키기]를 터치합니다.
3 ⑤ [Ok Google]을 [두 번] 말합니다. ⑥ [Hey Google]을 [두 번] 말합니다.
끝나면 [Voice Match]가 다 되었습니다.

3 구글 어시스턴트 음성 선택

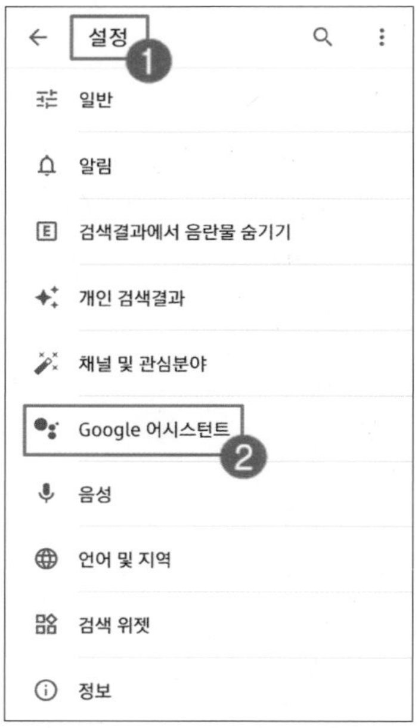

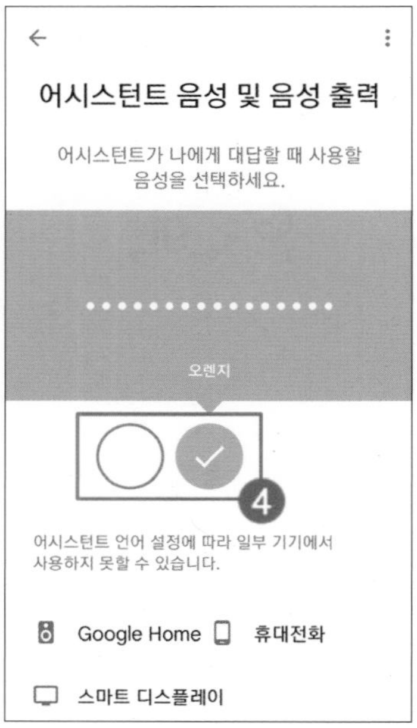

1 ① 구글의 **[설정]**에 들어가서 ② **[Google 어시스턴트]**를 터치합니다.

2 ③ 하단으로 쭉 스크롤 해서 **[어시스턴트 음성]**을 터치합니다.

3 ④ 오렌지는 여자 목소리, 레드는 남자 목소리로 원하는 목소리를 선택합니다.

4 구글 어시스턴트 명령어 사용해보기

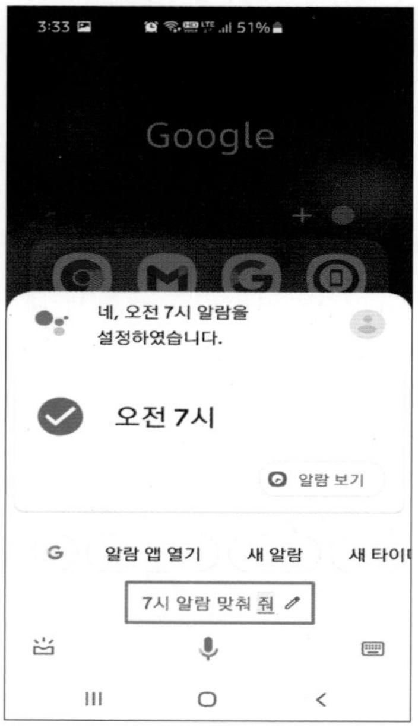

1 "문자 보내줘" 하고 명령하면 인식해서 문자 보내기를 실행합니다.

2 알람이나 타이머 명령을 할 수 있습니다.

3 날씨를 알려달라고 명령할 수 있습니다.

5 구글 어시스턴트 명령어

리마인더 ("알려줘"라고 해도 됨)

- ○○○에게 열 시에 전화하라고 알려줘
- 내일 아침 10시에 ○○○에게 미팅한다고 리마인드해줘
- 리마인드한 내용을 다 보고 싶다면, "리마인드 보여줘" 하면 됨

전화 (스마트폰에 저장된 전화번호만 가능함)

- ○○○에게 전화 걸어줘
- ○○○에게 문자 보내줘
- 안 읽은 문자 읽어줘
- ○○○에게 "가고 있다"라고 문자 보내줘

시간

- 지금 몇 시야?
- 9시에 알람 해줘
- 아침 7시에 깨워줘
- 타이머 1분 설정
- 지금 미국 뉴욕 몇 시야?
- 20분 후에 알람 해줘
- 내일 일몰 시간은?
- 타이머 취소

번역, 통역

- "고맙습니다"가 스페인어로 뭐야?
- 중국어로 "안녕"이 뭐야?
- 영어로 통역해줘
- 중국어로 통역해줘

질문

- 100제곱 미터는 몇 평?
- 36인치는 몇 센티미터?
- 100달러 환율 알려줘
- 바나나 칼로리는? 구글 주가 알려줘
- 스타벅스 아메리카노 가격은?
- 이마트 영업시간은?

날씨

- 오늘 날씨 알려줘?
- 내일 날씨 어때?
- 내일 비와?
- 오늘 미세먼지 어때?
- 오늘 서울 날씨 알려줘
- 내일 뉴욕 날씨 알려줘

게임

- 500+300+29+90*20은?
- 주사위 굴리기(주사위 숫자가 나옴)
- 가상 여친(가상 남친) 불러줘(답답할 수 있음)
- 1부터 100까지 숫자 중 아무 숫자 뽑아줘

지역, 위치

- 가장 가까운 커피숍이 어디야?
- 근처 칼국수 집 알려줘
- 전주에서 가볼 만한 곳은?
- 지금 내 위치 지도로 보여줘

동영상

- 강아지 동영상 보여줘
- 메이크업 영상 보여줘
- 제주도 한라산 영상 보여줘

음악

- 이 노래 제목 알려줘
- 볼륨 최대로 해줘. 볼륨 꺼줘
- 볼륨 50%로 해줘
- 명상 음악 들려줘
- 삼성 뮤직에서 "오라버니" 틀어줘
- 'G선상의 아리아' 틀어줘

뉴스

- 뉴스 들려줘
- 각 방송사 이름 대고 "뉴스 들려줘" 해도 됨

소리(유튜브의 경우 광고를 봐야 하는 경우도 있음)

- 빗소리 들려줘
- 백색소음 들려줘
- 비 오는 숲 소리 들려줘

레시피

- 등갈비 만드는 방법 알려줘
- 된장찌개 레시피 알려줘
- 볶음밥 재료 알려줘
- 불고기 양념 알려줘

로스트 폰(폰을 찾고자 할 때)

- 내 폰 어디 있어? (내 기기 찾기 앱이 열립니다)

27강 카카오톡 기본만 알아도 스마트폰 활용이 즐겁다

1 카카오톡 메뉴바 설명

카카오 메뉴는 **하단에 다섯 개 아이콘**으로 이루어져 있습니다.

① 카카오톡 친구들의 리스트를 확인할 수 있으며 이 기능을 통해 친구들의 프로필, 상태 메시지, 최근 업데이트 등을 확인할 수 있는 **[친구]** 메뉴입니다.

② 일대일 및 그룹 채팅을 지원하며 그룹 멤버들과 사진, 일정, 위치 등을 공유할 수 있는 **[일반채팅]** 메뉴입니다.

③ 다양한 주제와 공통된 관심사를 가진 사람들과 쉽게 소통할 수 있으며 사용자들은 자신이 원하는 채팅방을 쉽게 만들 수 있는 **[오픈채팅]** 메뉴입니다.

④ 카카오톡 사용자가 상품을 검색하고 구매할 수 있는 **[쇼핑]** 메뉴입니다.

⑤ 카카오페이, 선물하기, 인증서 관리, 게임 등 카카오톡을 더 다양한 용도로 활용할 수 있는 **[더보기]** 메뉴입니다.

2 카카오톡 친구목록

1 **[친구목록]** 화면에서 내 프로필, 펑 만들기, 친구 생일, 업데이트한 친구, 즐겨찾기, 채널 등을 확인할 수 있습니다.

2 오른쪽 상단메뉴에서 **[검색 Q]**을 터치하여 친구, 채팅방, 채널, 오픈채팅을 검색할 수 있습니다. (검색은 채팅화면과 동일)

3 **[친구추가]**를 터치하여 QR코드, 연락처 추가, ID 추가, 추천 친구를 추가할 수 있습니다.

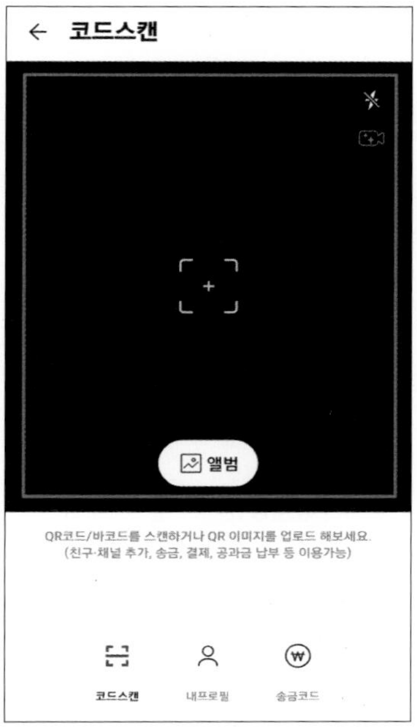

1 [QR코드] 는 상대방의 연락처나 ID가 없어도 QR코드를 스캔해서 친구를 맺을 수 있습니다.
(내 프로필, 송금, 결제 가능)

2 [**연락처로 추가**] 상대방의 이름과 전화번호로 친구 추가할 수 있습니다.

3 [**카카오톡 ID로 추가**] ID로 친구 추가할 수 있습니다. [**추천 친구 추가**] 자동으로 친구를 추천해 주는 기능입니다.

CHECK 리스트

3 카카오톡 친구 관리

친구
편집
친구 관리
전체 설정
새로운 친구
업데이트한 프로필 185
펑 4
만들기
절어보이고 고급스럽대~

친구
자동 친구 추가
내 연락처에서 카카오톡을 사용하는 친구를 자동으로 친구목록에 추가합니다. 등록 가능한 친구가 최대 친구 수를 초과할 경우에는 추가되지 않습니다.
친구 목록 새로고침
최종 추가시간 11월 2일 오후 3:17
친구 추천 허용
알 수도 있는 친구를 추천받고, 나를 다른 친구에게 추천해줍니다.
전화번호로 친구 추가 허용
내 전화번호를 알고 있는 사용자가 나를 전화번호로 친구 추가하는 것을 허용합니다.
친구 이름 동기화
카카오톡 앱의 친구 이름을 다른 기기나 카카오 게임 등에서도 동일하게 보여줍니다.
친구 관리

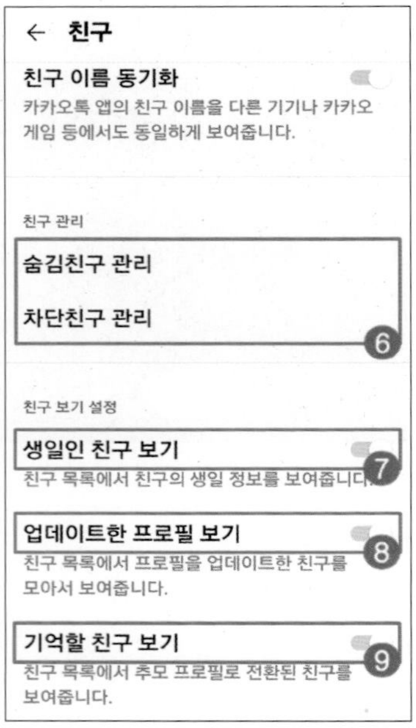
친구
친구 이름 동기화
카카오톡 앱의 친구 이름을 다른 기기나 카카오 게임 등에서도 동일하게 보여줍니다.
친구 관리
숨김친구 관리
차단친구 관리
친구 보기 설정
생일인 친구 보기
친구 목록에서 친구의 생일 정보를 보여줍니다.
업데이트한 프로필 보기
친구 목록에서 프로필을 업데이트한 친구를 모아서 보여줍니다.
기억할 친구 보기
친구 목록에서 추모 프로필로 전환된 친구를 보여줍니다.

1 ① **[설정]** 아이콘을 터치하면 편집, 친구 관리, 전체설정 창이 나타납니다. ② **[친구 관리]**를 터치합니다.

2 ① **[자동 친구추가]** 내 연락처에 있는 친구를 자동으로 카카오톡에 친구추가 합니다.
② **[친구목록 새로 고침]** 친구추가를 했던지, 혹은 전화번호를 새로 저장했는데 카카오톡에 친구가 안뜰 때 친구목록 새로 고침을 하면 친구를 찾을 수 있습니다. ③ **[친구 추천 허용]** 알 수도 있는 친구에게 추천하고 추천받습니다. ④ **[전화번호로 친구 추가 허용]** 내 전화번호를 알고 있는 사용자가 나를 전화번호로 친구 추가하는 것을 허용합니다. ⑤ **[친구 이름 동기화]** 친구 이름을 다른 기기나 카카오게임 등에서도 동일하게 보여줍니다. 3 ⑥ **[숨김친구, 차단친구 관리]** 사용자가 카카오톡 친구목록에서 특정 친구를 숨기거나 차단할 수 있는 기능입니다. ⑦ **[생일인 친구 보기]** 친구목록에서 친구의 생일 정보를 보여줍니다. ⑧ **[업데이트한 프로필 보기]** 친구목록에서 프로필을 업데이트한 친구를 모아서 보여줍니다. ⑨ **[기억할 친구 보기]** 친구목록에서 추모 프로필로 전환된 친구를 보여줍니다.

CHECK 리스트

4 채팅방 종류

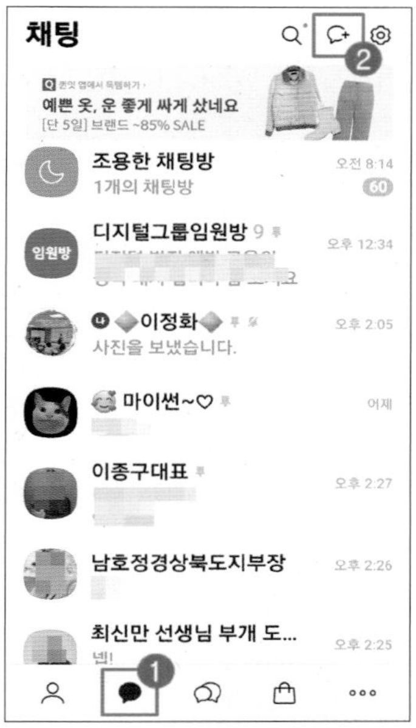

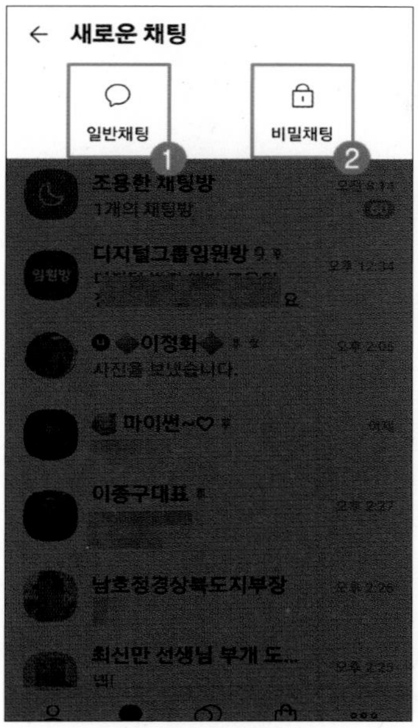

1 ① [일반 채팅] 을 터치합니다. ② 우측 상단에 말풍선 아이콘을 터치합니다. **2** ① 일반 채팅에서는 일대일 및 그룹 채팅을 지원하며 그룹 멤버들과 사진, 일정, 위치, 프로필 등을 공유할 수 있습니다. ② 비밀 채팅에서는 보안된 환경에서 채팅을 할 수 있으며 메시지를 암호화하여 제3자가 메시지를 열어볼 수 없습니다.

1 ① [오픈 채팅] 을 터치합니다. ② 우측 상단에 말풍선 아이콘을 터치합니다.

2 ① **1:1 채팅**은 누구나 참여할 수 있으나 1:1로만 가능한 채팅입니다. ② **그룹 채팅**은 누구나 참여할 수 있는 채팅방으로, 링크를 통해 초대할 수 있습니다. 사용자는 자신의 관심사, 활동, 그룹 등을 기반으로 그룹 채팅방을 만들 수 있습니다. 그룹 채팅방의 생성자는 참여코드를 설정하고, 방장과 부방장을 지정할 수 있으며, 일부 권한을 가지게 됩니다. 또한 생성자는 필요에 따라 참여자를 내보낼 수도 있습니다. 이렇게 생성된 그룹 채팅방은 해당 주제나 그룹에 관심이 있는 사람들끼리 소통하고 정보를 공유할 수 있는 좋은 공간이 됩니다.

③ **오픈프로필**은 카카오톡 내에서 자신의 프로필 정보를 공개적으로 설정하고 공유할 수 있는 기능입니다.

5 프로필 편집

1 친구 화면에서 사용자 이름을 터치합니다. 2 하단에 **[프로필 편집]**을 터치합니다. 3 ① 카메라 아이콘을 터치하여 내 프로필 전체 배경 사진을 변경할 수 있습니다. ② 카메라 아이콘을 터치하여 내 **[프로필 사진]**을 변경할 수 있습니다. ③ **[프로필 이름]**을 변경할 수 있습니다. ④ **[상태메시지]**를 변경할 수 있습니다.

6 즐겨찾기에 추가

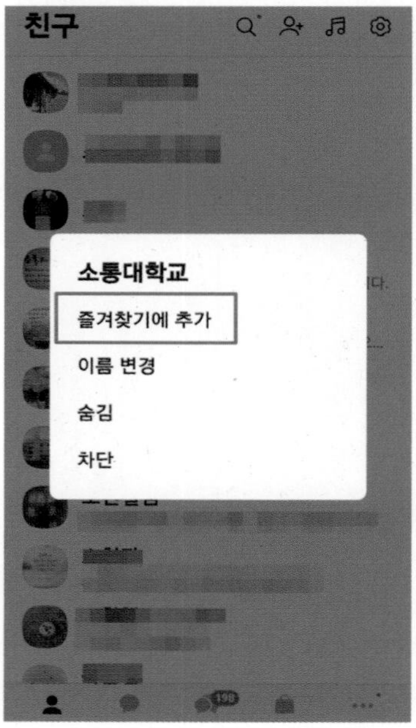

1 친구목록에서 즐겨찾기에 추가할 친구의 이름을 길게 터치합니다.

2 화면처럼 메뉴창이 나타나면 **[즐겨찾기에 추가]**를 터치합니다.

3 **[즐겨찾기 추가]**에 친구의 이름이 추가되었습니다.

7 친구와 채팅하기

친구
소통대학교
소통대학교와 함께 하시면 인생이 즐거워집니다

소통대학교
소통대학교와 함께 하시면 인생이
1:1채팅
통화하기
페이스톡

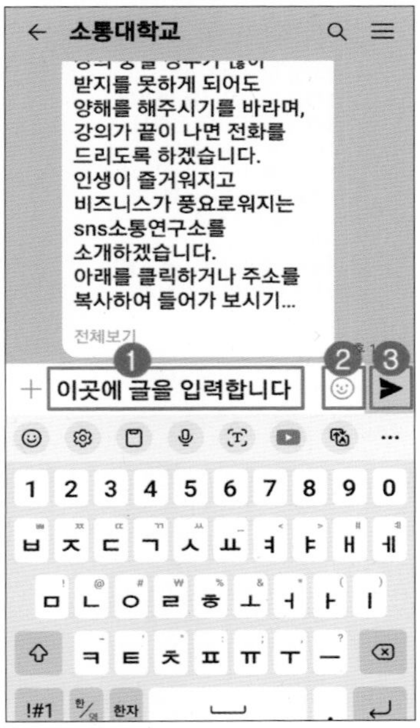
소통대학교
받지를 못하게 되어도
양해를 해주시기를 바라며,
강의가 끝이 나면 전화를
드리도록 하겠습니다.
인생이 즐거워지고
비즈니스가 풍요로워지는
sns소통연구소를
소개하겠습니다.
아래를 클릭하거나 주소를
복사하여 들어가 보시기...
전체보기
1
2
3
이곳에 글을 입력합니다

1 친구목록에서 1:1 대화할 친구의 이름을 터치합니다.

2 친구 프로필에서 **[1:1채팅]**을 터치합니다.

3 대화할 수 있는 채팅방이 열리고 ① 깜박이는 커서를 터치하여 글을 입력합니다. ② 이모티콘을 보내려면 스마일 아이콘 을 터치합니다. ③ **[보내기 ▶]** 아이콘을 터치하여 글이나 이모티콘 보낼 수 있습니다.

CHECK 리스트

8 채팅방에 사진 보내기

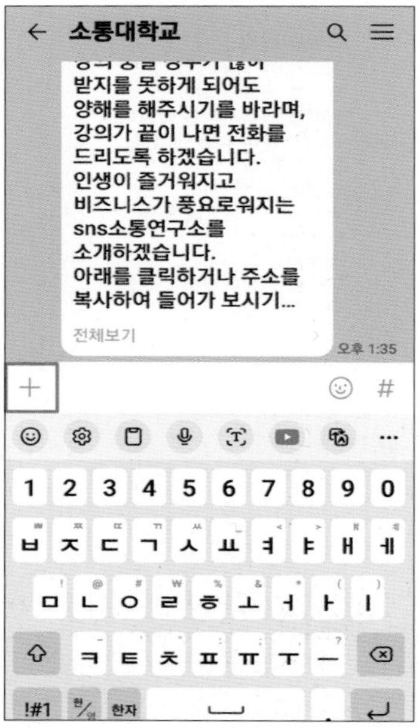

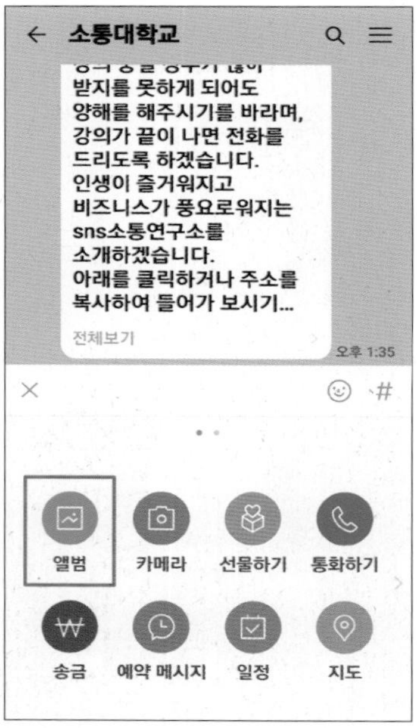

1 사진을 보낼 채팅방에서 [+] 아이콘을 터치합니다.

2 하단 메뉴에서 [앨범] 을 터치합니다.

3 하단에 최근 사진이 보입니다. 더 많은 사진을 보기 위해 [전체]를 터치합니다.

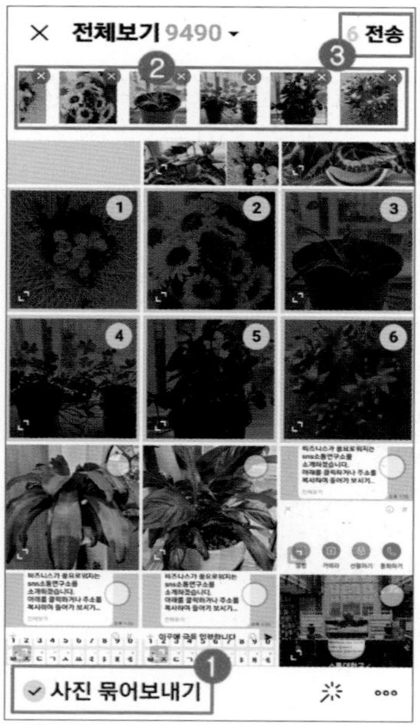

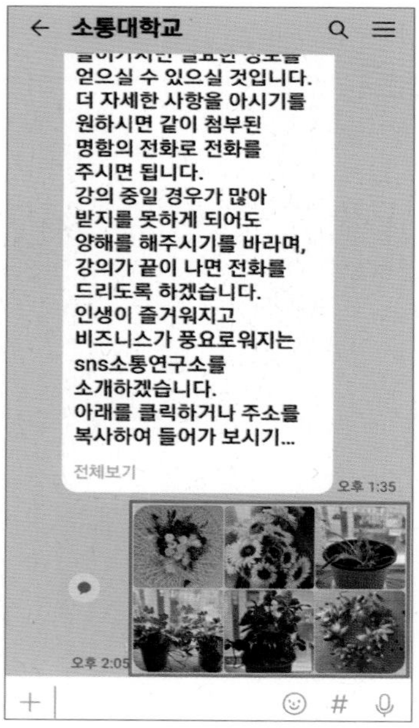

1 ① 한 번에 많은 사진을 보낼 때 사진 묶어 보내기에 [V]를 활성화하면 한 묶음으로 사진이 전송됩니다. 참고로 묶어 보내기에 비활성화하면 사진을 따로따로 보낼 수 있습니다. ② 선택한 사진이 맞는지 확인 후 ③ [전송]을 터치합니다.

2 묶음으로 사진을 보내면 다운로드할 때도 묶음으로 다운받을 수 있습니다.

9 채팅방 나가기

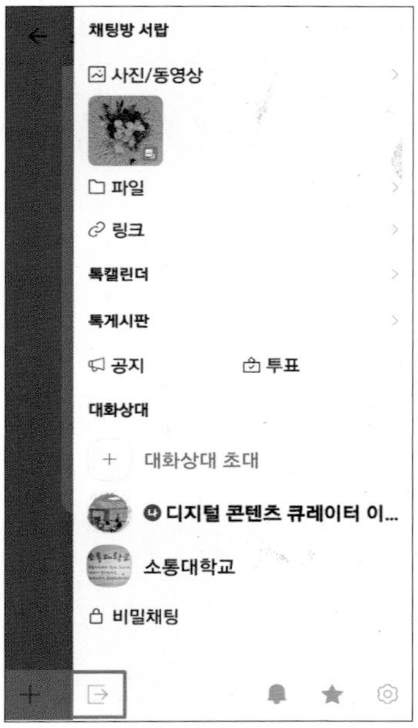

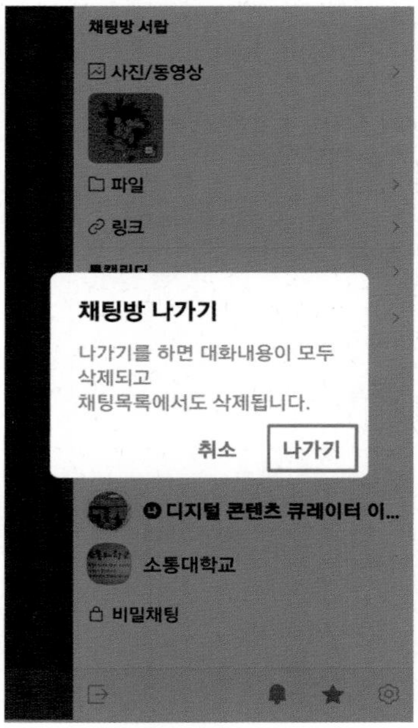

1 채팅방에서 나가기 방법은 두 가지가 있습니다. 나가고 싶은 채팅방을 터치한 후 우측상단에 삼선을 터치합니다.

2 **[나가기 ⇨]** 아이콘을 터치합니다.

3 대화 내용이 모두 삭제되고 채팅 목록에서도 삭제됩니다. 문구를 확인 후 **[나가기]**를 터치합니다.

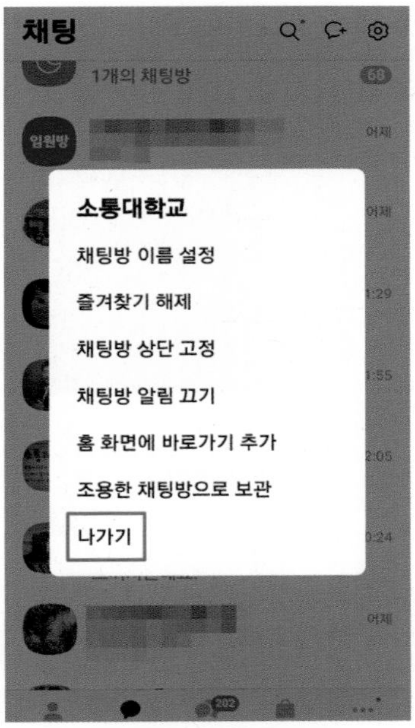

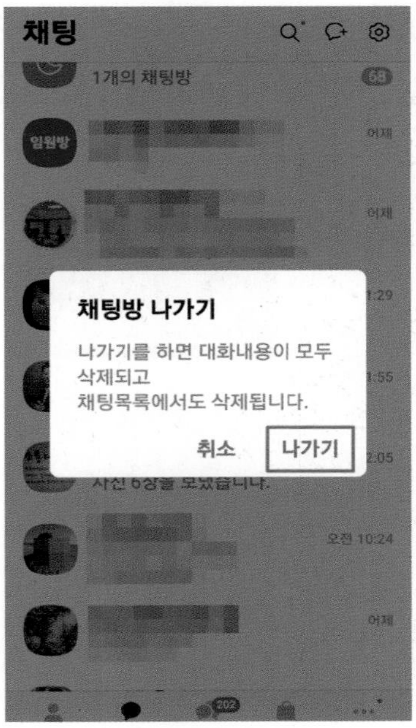

1 일반채팅 또는 오픈채팅 화면에서 나가고자 하는 채팅방 이름을 길게 터치합니다.

2 메뉴 창에서 **[나가기]**를 터치합니다.

3 대화 내용이 모두 삭제되고 채팅 목록에서도 삭제됩니다. 문구를 확인 후 **[나가기]**를 터치합니다.

10 채팅창 상단고정, 채팅방 알림설정

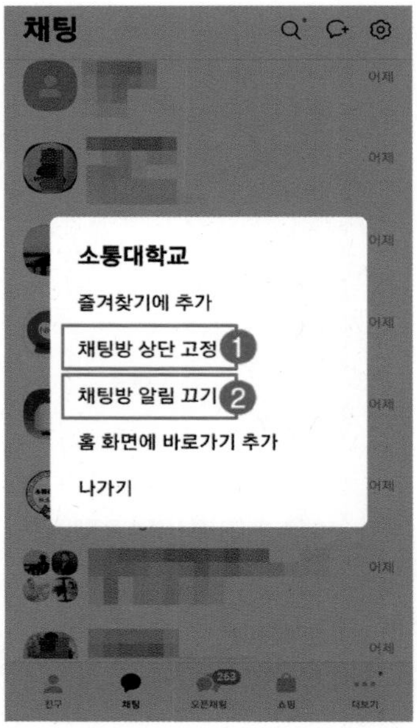

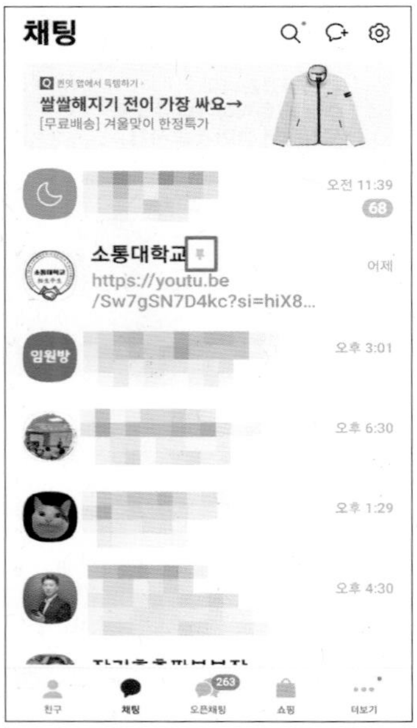

1 일반채팅 또는 오픈채팅 화면에서 고정할 채팅방 이름을 길게 터치합니다.

2 ① 메뉴 창에서 **[채팅방 상단 고정]**을 터치합니다. ② 선택한 채팅방에 카카오톡이 와도 알림이 울리지 않도록 설정하고 싶다면 **[채팅방 알림 끄기]**를 터치합니다.

3 화면의 상단에 채팅방이 고정되고 **[핀]** 아이콘이 표시됩니다.

11 보낸 메시지 삭제 (잘못 보낸 메시지 해결 방법)

채팅방에 글을 잘못 전송했을 시 전송한 지 5분 안에 삭제하면 내가 보낸 메시지를 삭제할 수 있습니다.

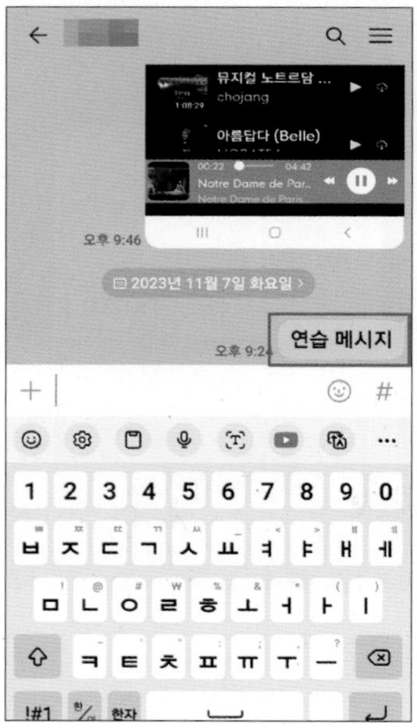

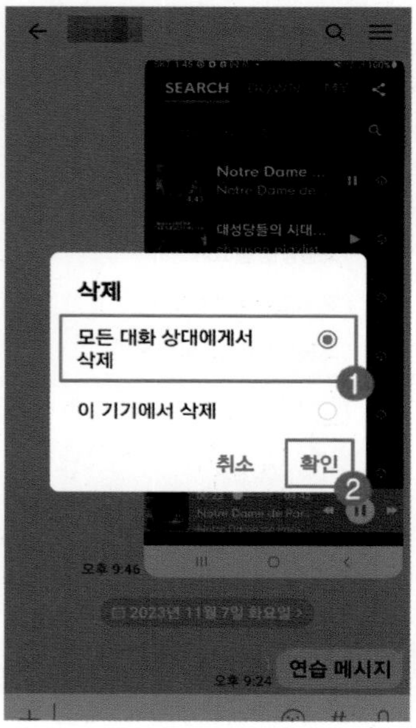

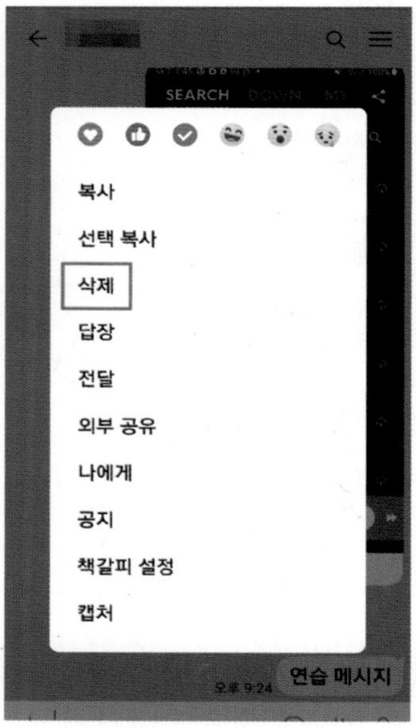

1 ① 잘못 보낸 메시지를 꾹 터치합니다.

2 ① 창이 뜨면 **[삭제]**를 터치합니다.

3 ① **[모든 대화 상대에게서 삭제]**를 터치합니다. ② **[확인]**을 터치합니다.

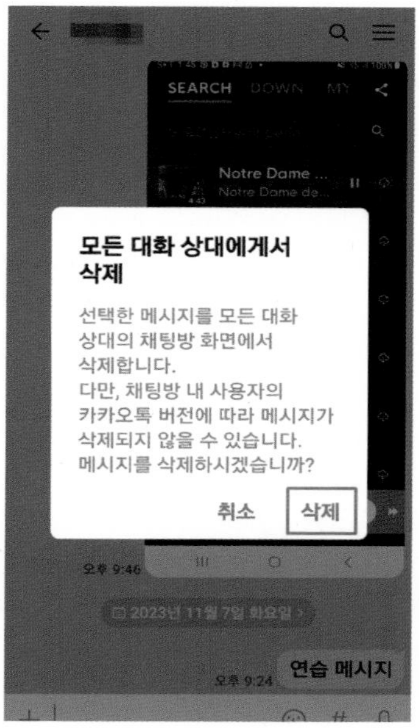

1 [모든 대화 상대에게서 삭제] 창이 뜨면 [삭제]를 터치합니다.

2 잘못 썼던 메시지 자리에 **[삭제된 메시지입니다]**라는 메시지로 바뀌고 보낸 메시지는 삭제됩니다. 내 채팅창과 친구 채팅창에서 대화 내용이 모두 삭제됩니다.

12 저장공간 관리

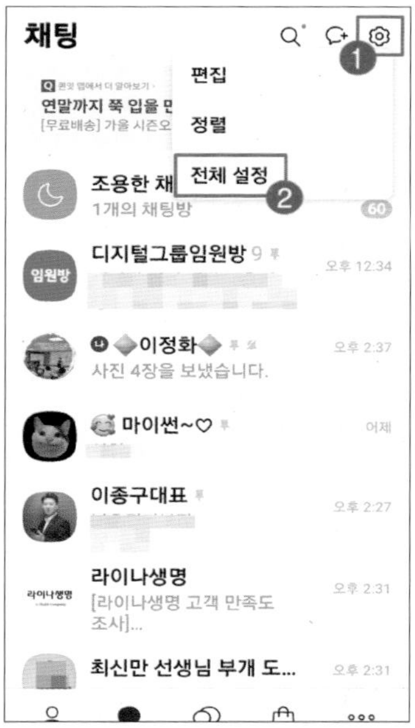

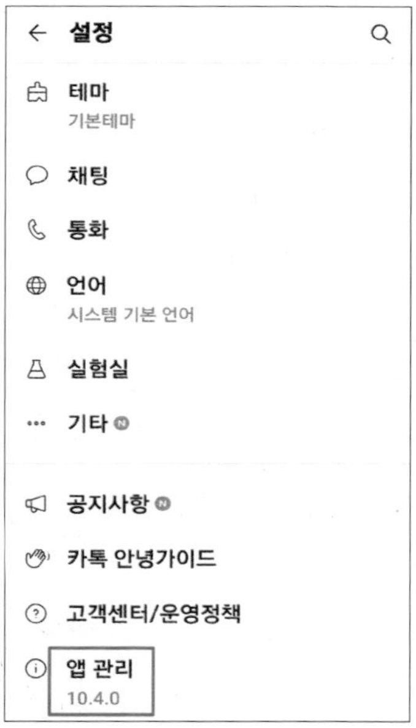

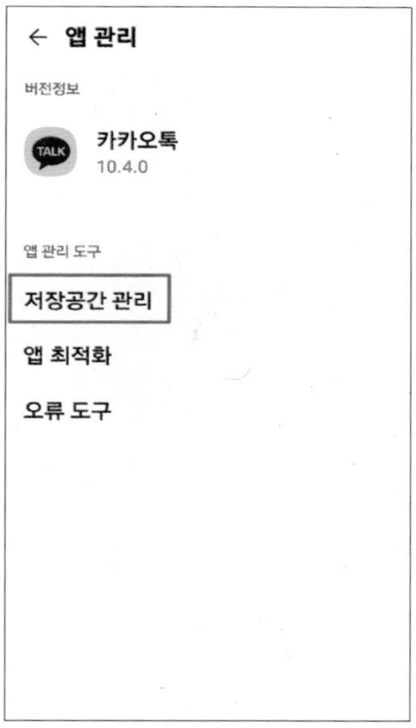

카카오톡 저장공간 관리 기능은 카카오톡에서 사용하는 저장공간을 효율적으로 관리하는 기능입니다. 이 기능을 사용하면 채팅방에서 보낸 사진, 영상, 파일 등의 데이터를 자동으로 정리하고 삭제할 수 있습니다. 이를 통해 저장공간을 확보하고 불필요한 데이터를 제거할 수 있습니다.

1 ① 친구 목록이나 채팅 목록화면에서 우측 상단의 **[설정]**을 터치합니다. ② **[전체설정]**을 터치합니다.

2 설정 메뉴 아래에 **[앱 관리]**를 터치합니다.

3 **[저장공간 관리]**를 터치합니다.

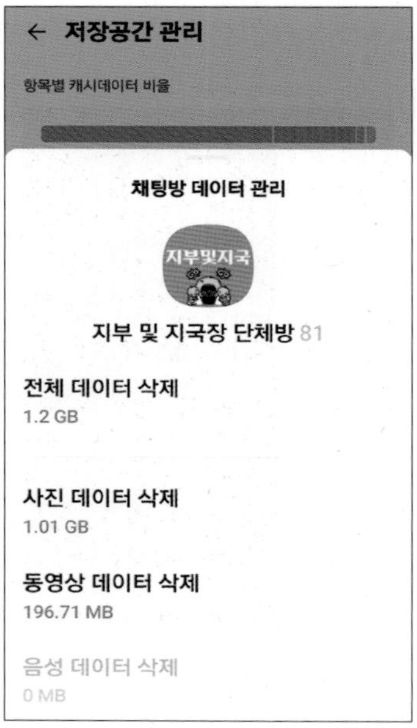

저장공간 관리 화면입니다.

1 ① 항목별 캐시 데이터 비율을 한눈에 확인할 수 있으며 터치하여 전체 캐시 데이터를 삭제할 수 있습니다. (단, 미리 내려받지 않았거나 기기에 저장되지 않은 데이터는 저장 기간이 만료된 이후 다시 불러올 수 없습니다.) ② 채팅방 데이터 관리 기능은 채팅방을 개별적으로 관리하고, 사진과 동영상 데이터를 분리해서 관리할 수 있습니다. 이를 통해 사용자는 각 채팅방에서 보낸 사진과 동영상을 따로 확인하고 필요한 경우에만 삭제할 수 있습니다. 이를 통해 저장공간을 더욱 효율적으로 활용할 수 있으며, 원하는 데이터를 쉽게 관리할 수 있습니다.

28강 광고 없이 유튜브 시청하기

애드블락 (Adblock) - 광고를 제거, 차단하고 배터리 및 데이터양을 절감하여 인터넷 속도를 높여줍니다.

1 ① **[구글 플레이스토어]**를 터치합니다. 2 ② **[검색창]**에서 앱을 검색합니다. 3 ③ **[애드블락]**이라고 검색하여 ④와 같은 아이콘을 찾아 ⑤ **[설치]**합니다.

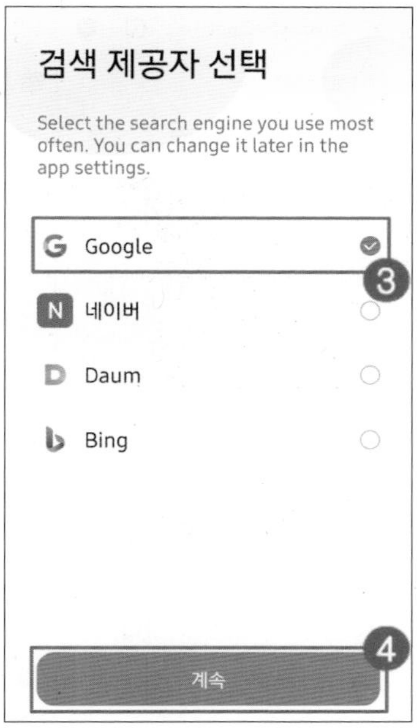

1 ① 설치가 다 되면 **[열기]**를 합니다. 2 ② **[계속]**을 터치합니다. 3 ③ **[Google]**를 선택하고 ④ **[계속]**을 터치합니다.

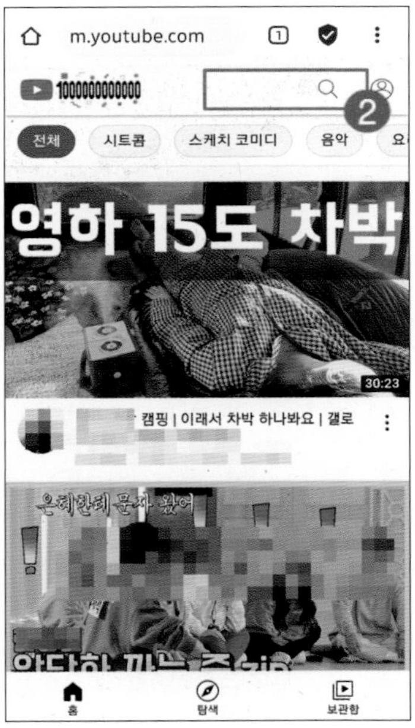

1 ① 설치가 되면 **[유튜브]**를 터치합니다.

2 ② 검색창에서 보고 싶은 동영상을 검색합니다.

3 ③ 구글 계정으로 **[로그인]** 합니다.

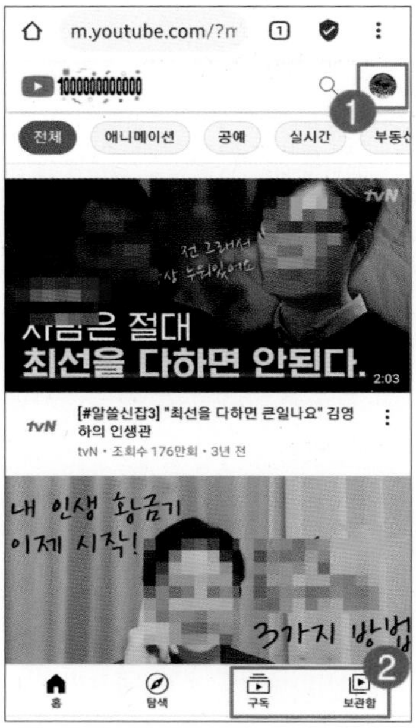

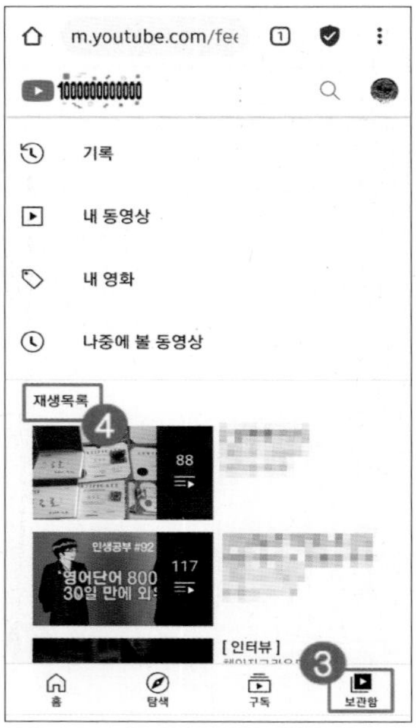

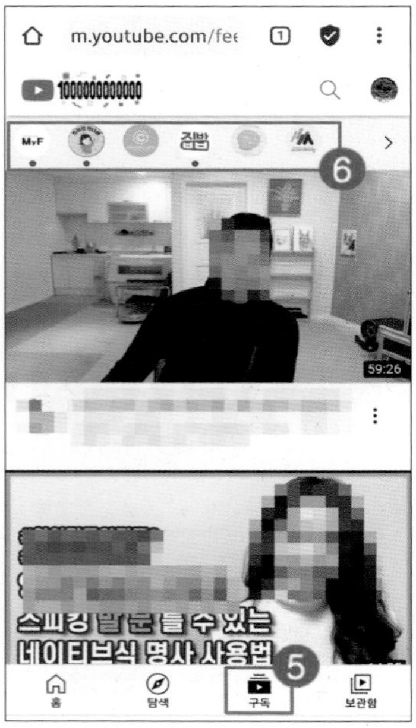

1 ① 로그인하면 상단에 **[내 계정]**이 보이고 ② 하단 메뉴에 **[구독]**이 나타납니다. 유튜브와 똑같이 나의 패턴대로 추천 영상이 나타납니다. **2** ③ **[보관함]**을 터치하면 내 계정의 ④ **[재생목록]**이 똑같이 나타납니다. **3** ⑤ **[구독]**을 터치하면 ⑥ 구독하고 있는 계정의 업로드된 영상이 나타납니다. 구독하고 있는 계정 목록이 아이콘으로 보입니다.

29강 앱(App)에서 무료로 음악 다운받기 - 음악다운

1 ① 구글 **[Play스토어]**에서 **[음악다운]**을 검색하고 ② **[음악다운]** 아이콘을 터치해서 다운로드 받습니다.

2 ③ 앱 알림 허용이 나오면 **[알림 허용]**을 활성화합니다.

3 ④ **[다른 앱 위에 표시]** 허용 표시가 나오면 활성화하면 됩니다.

4 ⑤ **[음악다운]** 앱을 여시면 원하는 음악을 검색해서 다운로드 받을 수 있습니다.

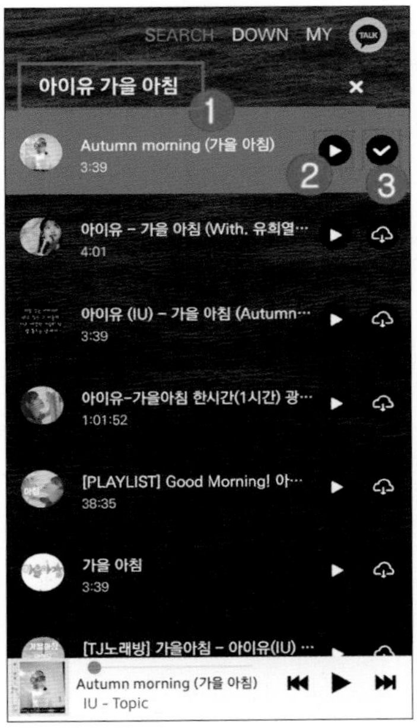

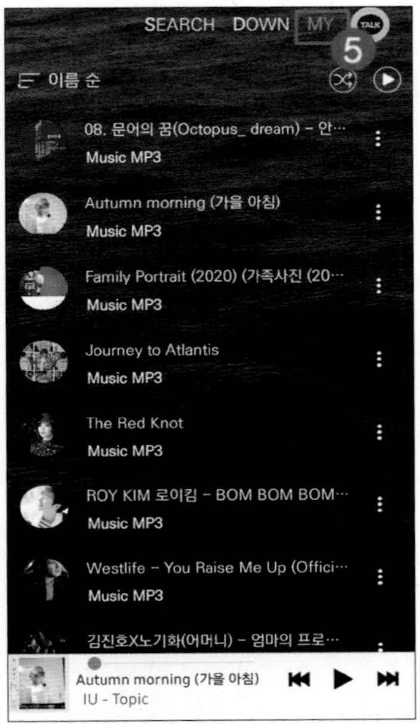

1 ① 가수나 노래로 [검색]합니다. ② 음악을 들어 볼 수 있고 ③ [다운]을 받을 수 있습니다.

2 ④ [다운] 받은 곡이 나옵니다.

3 ⑤ [MY]에서는 지금까지 다운받은 모든 파일을 볼 수 있습니다.

30강 유튜브에서 무료로 음악 다운받기 - 스텔라 브라우저

1 스텔라 - 음악

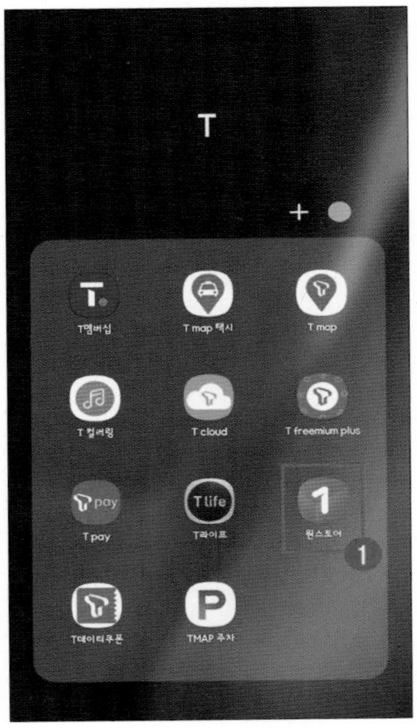

1 ① [원스토어]를 터치합니다.

2 원스토어 화면으로 이동합니다.

3 ① 원스토어 [검색]을 터치합니다.

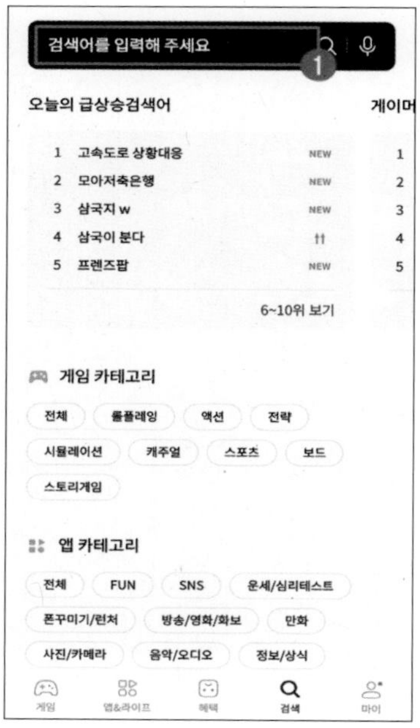

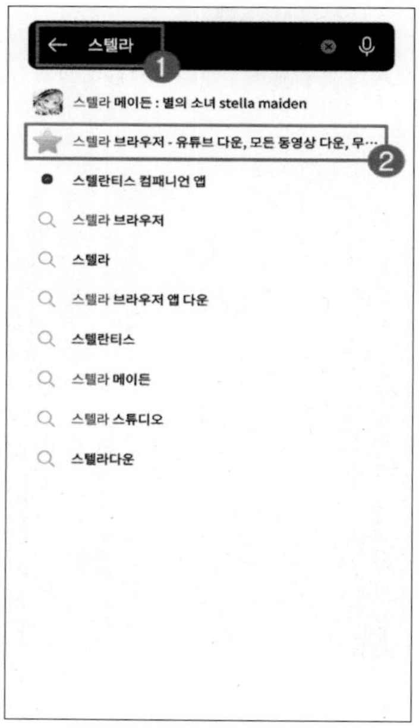

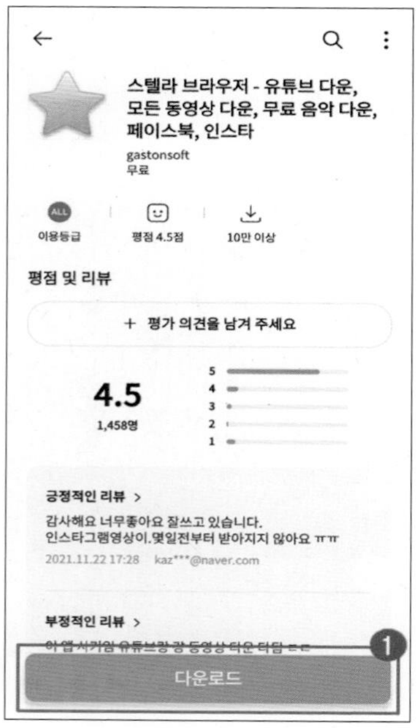

1 ① 원스토어 검색창을 터치합니다.

2 ① **[스텔라 또는 스텔라 브라우저]**를 입력 후 검색합니다. ② **[스텔라 브라우저]**를 터치합니다.

3 ① 화면 하단에 **[다운로드]**를 터치합니다.

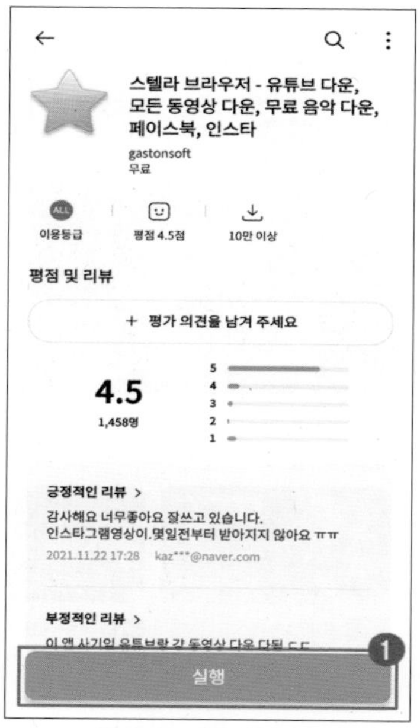

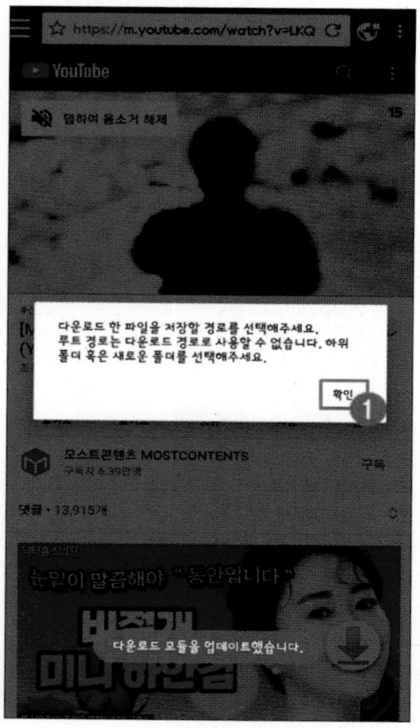

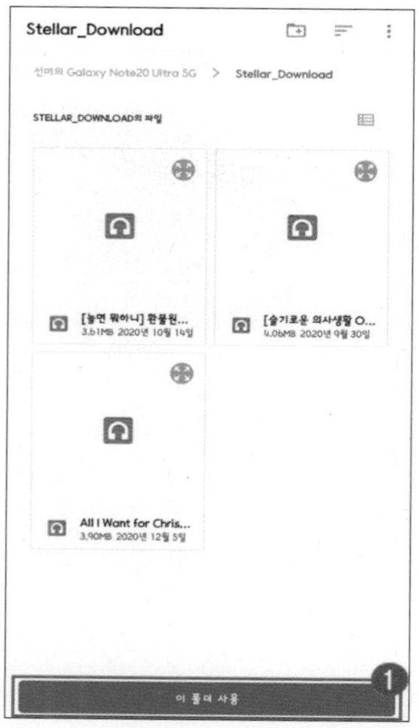

1 ① 화면 하단에 **[실행]**을 터치합니다.

2 ① '다운로드 파일을 저장할 경로를 선택해주세요.'라는 창이 뜨면 **[확인]**을 터치합니다.

3 ① 스텔라 다운로드 **[이 폴더 사용]**을 터치합니다.

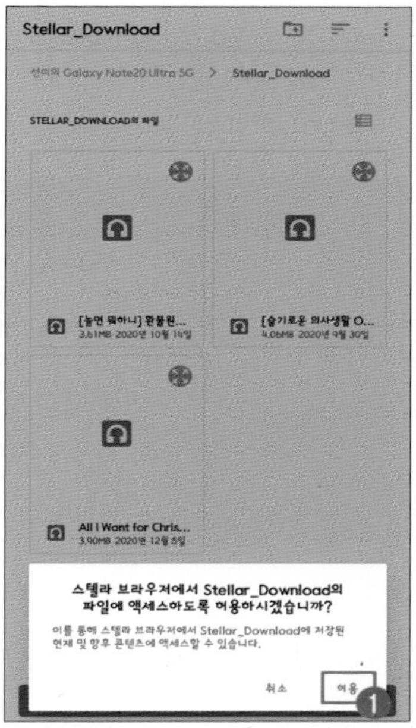

1 ① 스텔라 브라우저에서 스텔라 다운로드 파일에 액세스하도록 **[허용]**을 터치합니다.

2 ① 빠르고 원활한 다운로드를 위해 **[확인]**을 터치합니다.

3 ① 배터리 사용량 최적화 중지를 위해 **[허용]**을 터치합니다.

1 ① 검색창에 **[좋아하는 가수나 노래 제목]**을 검색하여 터치합니다.

2 ① 유튜브 창의 **[별빛 같은 나의 사랑아]**를 터치합니다.

3 ①검색된 동영상이나 음악을 다운로드 하려면 하단 아래 화살표 모양의 **[다운로드 아이콘]**을 터치합니다.

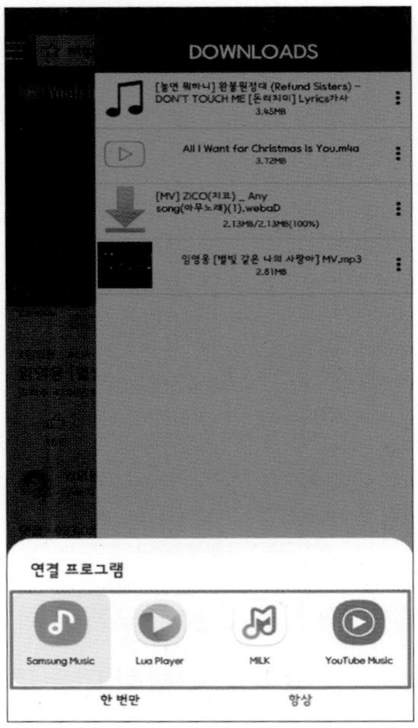

1 화면 하단 창에서 mp3 음원만 다운로드하려면 **[Music]**을 터치합니다. 또는 동영상을 다운로드하려면 **[video]**를 터치합니다.

2 다운로드된 음원(mp3)은 스텔라 화면에서 **[좌측으로]** 밀면 다운로드된 리스트가 보입니다.

3 다운로드된 음원(mp3)은 **[삼성뮤직 또는 play뮤직]**으로 노래를 들을 수 있습니다.

2 스텔라 - 동영상

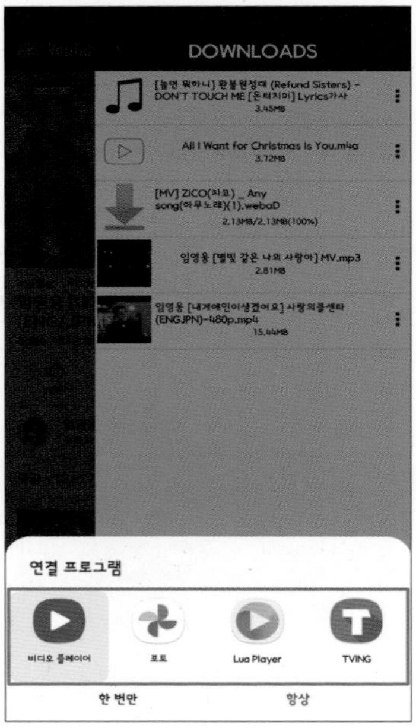

1 다운로드된 동영상은 **[비디오 플레이어]**로 동영상을 볼 수 있습니다.

2 다운로드된 동영상은 갤러리 앨범 **[스텔라 다운로드]**에 저장됩니다.

31강 네이버 인공지능 음성서비스 '그린닷' 제대로 활용하기

1 내 주변

네이버 홈의 초록색 버튼
'그린닷'은,
음성, 이미지, 위치 등을 더욱 빠르게
검색할 수 있도록 도와주는
인공지능(AI) 인식 검색 도구입니다.

1 ① **[네이버 어플]**을 터치한 후 2 ② 네이버 대표 검색 엔진인 **[그린닷]**을 터치하면 원형으로 된 검색창이 나타납니다. 스마트렌즈, 이미지 검색 및 쇼핑, QR 바코드 그리고 내 주변 검색, 번역 기능 등을 사용할 수 있습니다.

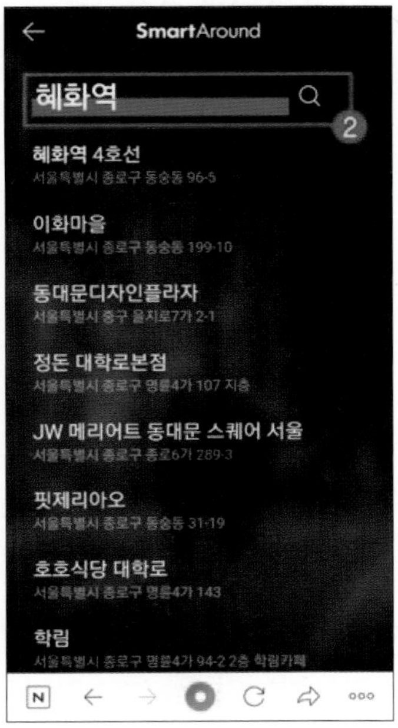

[그린닷]의 검색 기능을 아래 그림과 같이 하나씩 살펴보기로 합니다. 1 ① **[내 주변]**을 터치하면
2 ② 돋보기 검색창을 활용하거나 (위치 설정이 되지 않았을 경우),
3 ③ 내가 위치한 곳 주변을 곧바로 검색합니다. (위치 설정 기능이 실행될 때)

2 검색

1 ① 그린닷의 **[검색]**을 터치합니다.

2 ② 상단 커서가 움직이는 곳에 **[검색어]**를 입력하고 돋보기를 터치합니다. ③ 마이크를 터치하여 **[음성]**으로 검색할 수도 있습니다. ④ **[사진]**을 촬영하여 검색할 수 있습니다. ⑤ 위치 보기 아이콘을 터치하면 **[내 위치 주변]**을 검색할 수 있습니다.

1 ⑥ 검색할 단어를 넣으면 통합검색이 가능합니다. 2 ⑦ **[이미지]** 검색도 가능합니다.

3 ⑧ **[어학사전]**을 터치하면 여러가지 언어 검색도 할 수 있습니다.

3 렌즈, QR 바코드, 쇼핑 렌즈

이미지로
무엇이든 검색
스마트 렌즈로 찍어보세요
다시 보지 않기

QR코드 정보가
궁금하다면?
지금 바로 스캔하세요
다시 보지 않기

사고 싶은 아이템
이름을 모를 때
쇼핑렌즈로 찍어보세요
다시 보지 않기

[그린닷] 메뉴에서 1 ① [렌즈] 2 ② [QR 바코드] 3 ③ [쇼핑렌즈]를 활용하면 위의 사진과 같은 방법으로 간편하게 상품의 정보를 얻을 수 있습니다.

글자가 선명하게 보이도록
촬영해 보세요
마트렌즈 쇼핑렌즈 문자인식 와인라벨

와인 라벨을 촬영해서
평점과 랭킹, 자세한 정보를
확인해보세요
쇼핑렌즈 문자인식 와인라벨

QR코드, 바코드를 인식해서
웹페이지, 상품 정보를
확인해보세요
결제/네이버 주문 QR/바코드 스마트렌즈

네이버 [그린닷]은 [렌즈], [QR 바코드], [쇼핑렌즈]를 활용하여 1 문자 인식이나 2 와인에 관한 정보, 상품 정보, 쇼핑 정보는 물론, 3 결제까지 간편하게 할 수 있는 검색기능입니다.

4 렌즈, QR코드

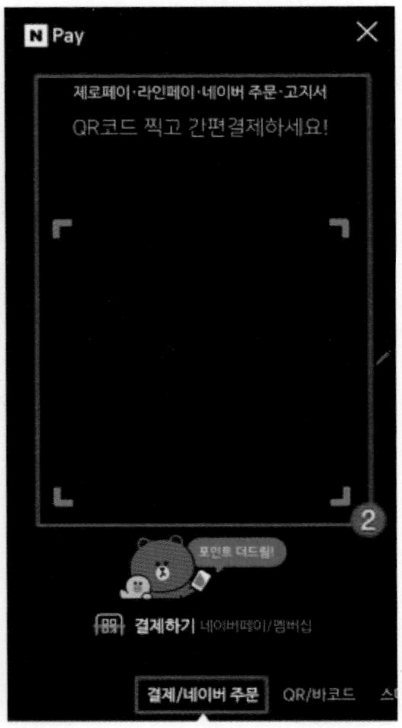

1 ① **[쇼핑렌즈]**는 상품과 쇼핑 정보를 제공합니다.

2 ② 결제 수단으로 **[QR코드]**를 찍으면 간편하게 결제할 수 있습니다.

CHECK 리스트

5 파파고 번역

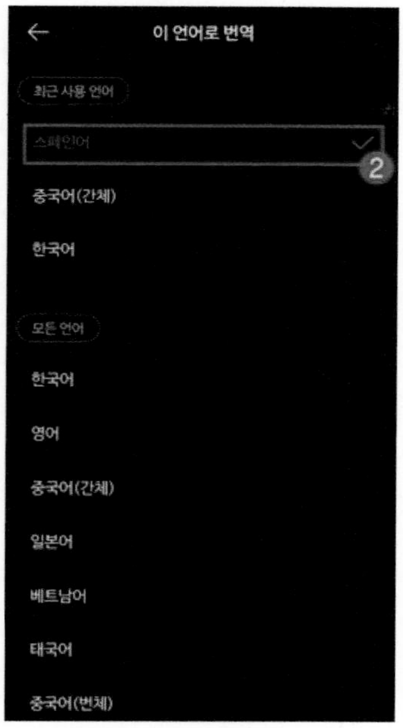

1 ① 네이버 그린닷에서 **[파파고 번역]**을 터치합니다.

2 ② **[번역할 언어]**를 선택하고 3 ③ 설정언어를 확인합니다. ④ 내용을 입력합니다. ⑤ 번역된 내용을 확인합니다. ⑥ 번역된 화면에서 **[스피커 모양]**을 터치하면 음성으로도 확인할 수 있습니다.

1, 2 ⑦ **[사진으로 촬영]** 하거나 ⑧ 번역 문서 **[이미지를 스캔]** 하는 방법으로도 번역할 수 있는 기능입니다. ⑨ 번역할 내용을 **[문자로 입력]** 하고자 할 때 터치합니다.

6 음악

1 ① 네이버 그린닷에서 **[음악]**을 터치합니다.

2 ② **[주변에서 들리는 음악]**을 분석하고 음악의 제목을 알려줍니다.

3 ③ **[바로 재생]**을 터치하면 내 주변에서 들렸던 음악이 곧바로 스마트폰에서 재생됩니다.

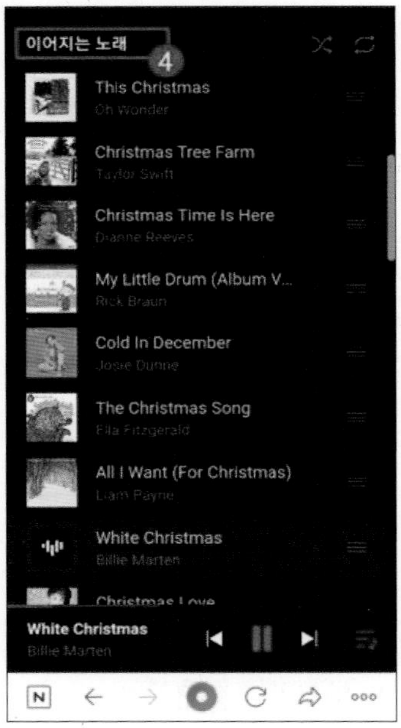

1 ④ **[연관성 있는 노래]** 목록들을 보여줍니다.
터치하면 음악이 재생됩니다.

7 음성검색

1 ① 네이버 그린닷에서 **[음성검색]**을 터치합니다.

2 ② 검색하고자 하는 단어를 말합니다.

3 ③ 검색창에 검색어가 나타납니다. ④ **[인식이 된 검색어]**에 관한 정보를 보여줍니다. 검색기능과 통합으로 활용할 수 있습니다.

CHECK 리스트

32강 멋진 카드뉴스 만들기

1 이미지에 텍스트를 추가

다운로드하기 Google Play

[이미지에 텍스트를 추가] 앱(App)의 장점

- 간단한 조작으로 사용하기 쉬운 디자인을 만들 수 있습니다.
- 무료 이미지 리소스를 검색 기능과 찾은 이미지를 다운로드하여 직접 편집할 수 있습니다.
- YouTube의 썸네일과 Instagram, Twitter 등의 SNS 게시물용 이미지 만들기에 아주 유용합니다.

● [이미지에 텍스트를 추가] 설치하기

1 스마트폰 홈 화면 **[Play 스토어]**를 터치합니다.

2 **[Play 스토어]** 검색창에 ① **[이미지에 텍스트를 추가]**를 검색하여 ② **[설치]**한 후 ③ **[열기]**를 터치합니다. **3** **[이미지에 텍스트를 추가]** 홈 화면의 ① **[이미지를로드하는]**을 터치하면 갤러리에 있는 사진을 가져올 수 있습니다. ② **[이미지 소재 검색]**을 터치합니다.

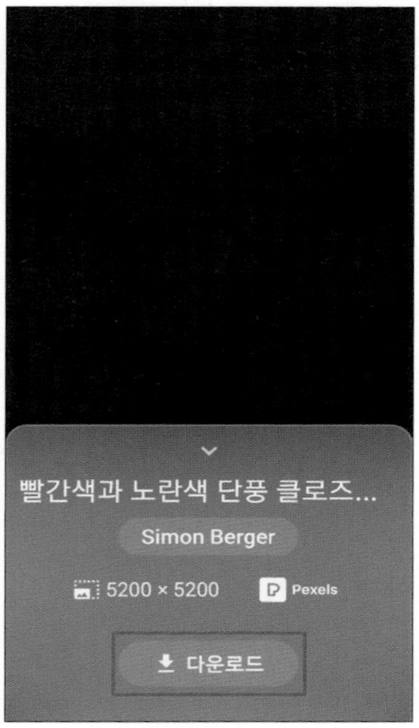

1 이미지 소재 검색창에 ① **[가을]** 입력하여 마음에 드는 ② **[이미지]** 하나 선택합니다.

2 **[이미지]** 하단 **[^]**를 터치합니다.

3 **[이미지]**의 상세정보가 보이며 하단 **[다운로드]**를 터치합니다.

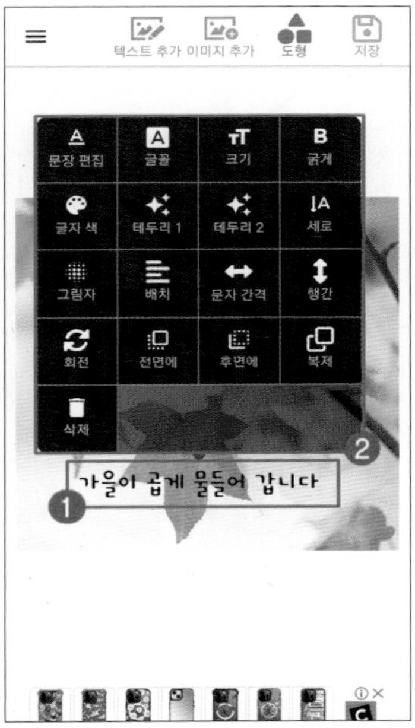

1 상단의 ① **[텍스트 추가]** 메뉴를 터치합니다. 텍스트 추가에 ② **[가을이 곱게 물들어 갑니다]** 글을 입력한 다음 ③ **[OK]**를 터치합니다.

2 ① **[가을이 곱게 물들어 갑니다]** 글을 터치하면 ② **[글 편집 도구]** 상자가 나옵니다.

3 글 편집 도구의 **[문장 편집]**을 터치하면 글을 수정할 수 있습니다.

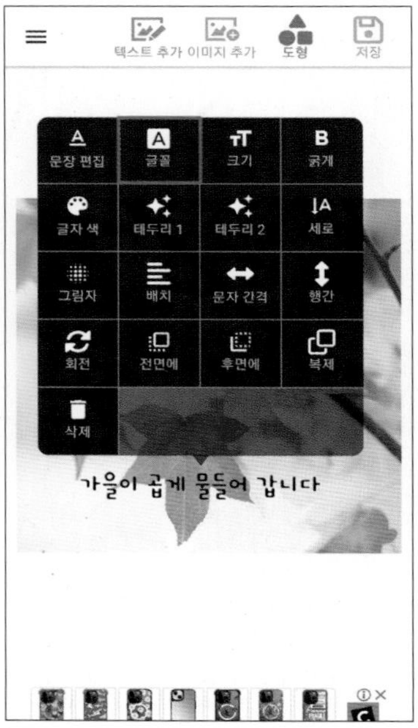

❶ 텍스트 편집에서 ① **[글을 수정]**한 다음 ② **[OK]**를 터치합니다.

❷ 글 편집 도구의 **[글꼴]**을 터치합니다.

❸ 글꼴 선택 창의 여러 글꼴 중에 마음에 드는 글꼴 하나를 **[Song Myung]** 터치하면 문자의 글꼴이 바뀝니다.

❶ 글 편집 도구의 **[크기]**를 터치합니다.

❷ 글의 크기를 하얀 **[원]** 조절점을 손가락으로 좌우로 움직여 글의 크기를 조절합니다.

❸ 글 편집 도구의 **[글자 색]**을 터치합니다.

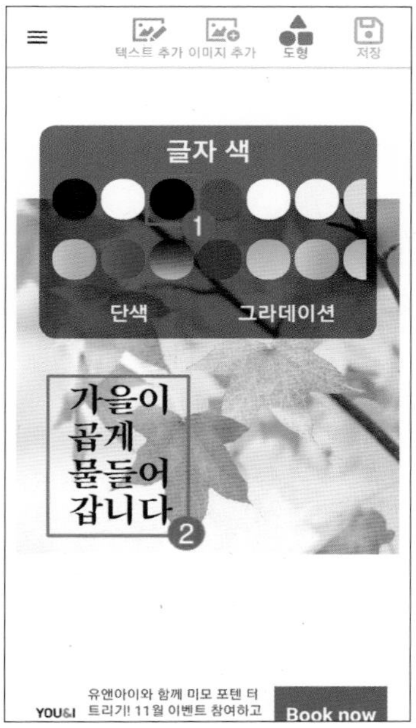

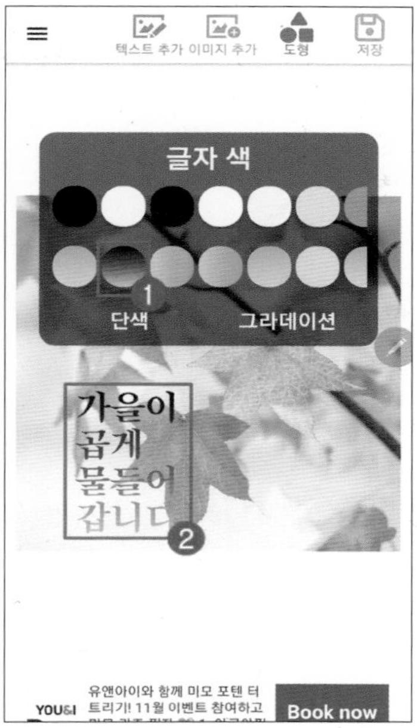

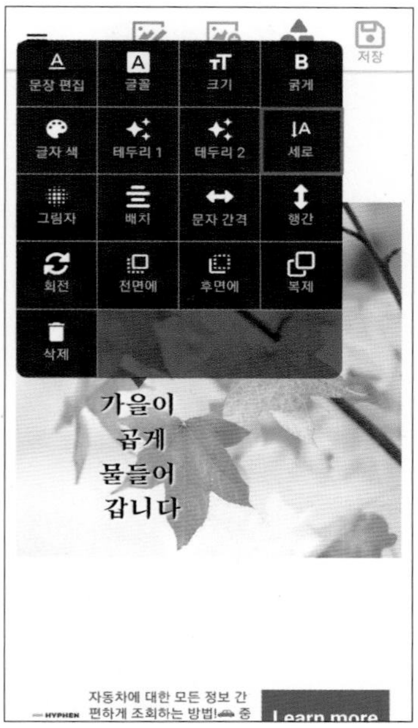

1 글자 색 단색 ① [검정색]을 터치하면 ② 글의 글자 색이 [검정]으로 바뀝니다.

2 그라데이션 ① [두 번째 색]을 터치하면 글의 글자 색이 그라데이션으로 바뀝니다.

3 글 편집 도구의 [세로]를 터치합니다.

1 [글이 세로]로 바뀝니다. 2 글 편집 도구의 [그림자]를 터치합니다.

3 그림자를 넣을 색 ① [흰색]을 터치한 다음 ② 그림자의 [흐림, 위치]를 손가락으로 [조절점]을 좌우로 움직여 그림자를 적당히 넣어줍니다.

1 상단 메뉴 **[이미지 추가]**를 터치하면 기존 이미지 위에 이미지를 넣을 수 있습니다.

2 **[갤러리]**를 터치합니다.

3 갤러리에서 **[이미지]** 하나를 선택하여 가져옵니다.

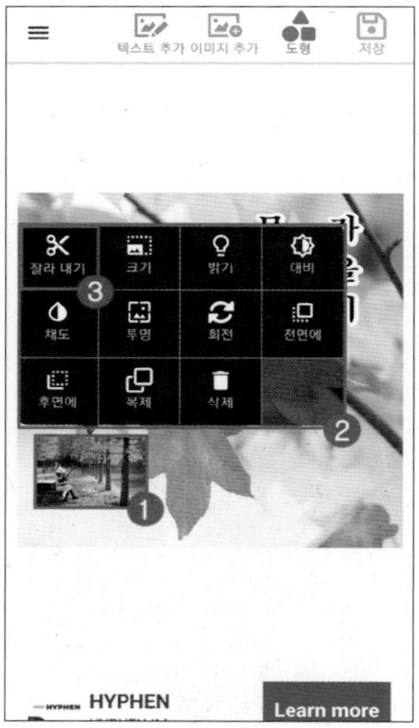

1 갤러리에서 가져온 ① **[이미지]**를 터치하면 ② **[편집할 도구]**들이 보이는데 ③ **[잘라 내기]**를 터치합니다.

2 ① **[자르기의 크기]**를 선택하고 ② **[잘라 내기]**를 터치하면 이미지가 잘립니다.

3 상단 메뉴 **[저장]**을 터치하면 저장과 공유 메뉴가 나오는데 **[저장]**을 터치하면 갤러리에 저장됩니다. 또 공유도 할 수 있습니다.

33강 이미지 합성 어플 활용하기

1 포토퍼니아

[포토퍼니아] 앱(App)은 이미지를 합성하여 사진 콜라주를 만드는 앱

[포토퍼니아] 앱(App) 활용

- 포토퍼니아는 스마트폰뿐만 아니라 PC에서도 활용이 가능합니다.
- 다양한 카테고리별 테마를 제공하고 원하는 효과를 선택하여 사진과 합성할 수 있는 앱입니다.
- 사용이 매우 간단해 연령에 상관없이 누구나 쉽게 사용할 수 있습니다.
- 특별하고 독창적으로 몇 초 만에 놀라운 사진 콜라주를 만들 수 있습니다.
- 이미지 합성 후 소셜 사이트에 저장, 이메일 보내기 또는 친구들과 바로 공유할 수 있습니다.

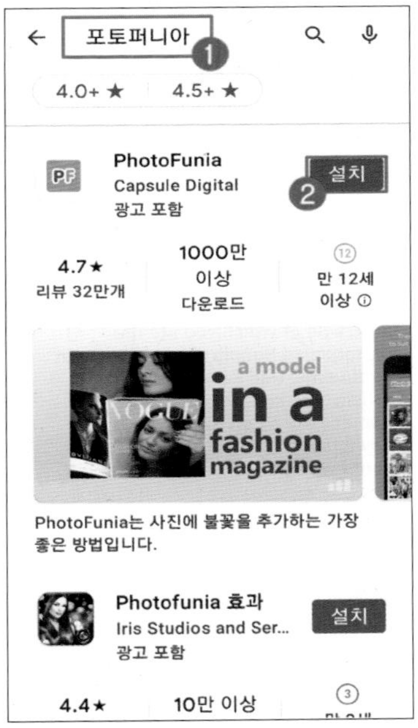

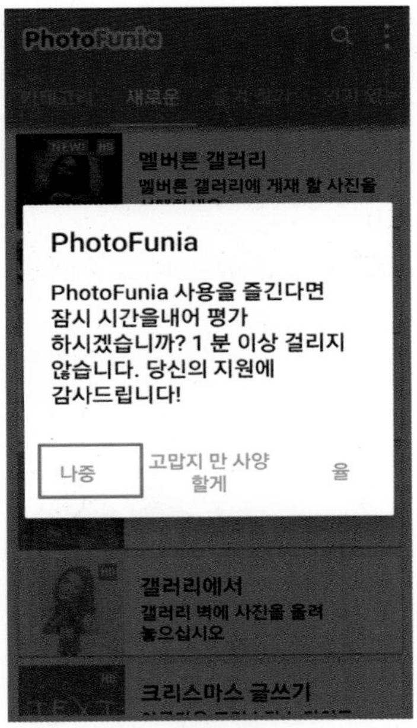

1 ① [Play 스토어]에서 **[포토퍼니아]**를 검색합니다. ② **[설치]** 후 열기를 터치합니다.

2 앱 평가 화면에 **[나중에]**를 터치합니다.

3 포토퍼니아 앱의 첫 화면입니다. 왼쪽 상단에 위치한 가이드 메뉴 중 **[카테고리]**를 터치합니다.

1 카테고리 화면을 위로 드래그하여 **[잡지]**를 선택합니다. 2 다양한 잡지 템플릿 중 **[아침 신문]**을 터치합니다.
3 ① 하단에 **[사진을 선택하십시오]**를 터치합니다. ② 사진을 불러올 수 있는 팝업창에서 **[기존 사진 선택]**을 터치합니다.

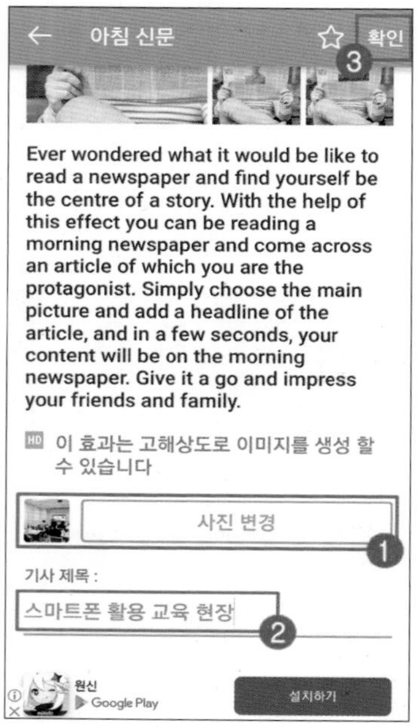

1 ① 사용자 갤러리에 최근 사진 순으로 보이며 더 많은 사진을 보려면 ② **[갤러리]**를 터치하여 선택할 수 있습니다.
2 사진을 선택 후 **[확인]**을 터치합니다.
3 ① 선택한 사진이 맞는지 확인 및 사진을 변경할 수 있습니다. ② 사진에 제목도 삽입할 수 있습니다. ③ **[확인]**을 터치하여 진행합니다.

1 이미지 합성이 진행 중인 화면입니다.

2 사진 합성이 완료된 화면입니다. ① 저장할 이미지의 사이즈를 선택할 수 있습니다. ② 사용자 갤러리에 저장할 수 있습니다. ③ 완성된 사진을 다른 사이트로 공유할 수 있습니다.

3 이번에는 원하는 템플릿을 **[검색 아이콘]**을 터치하여 찾아보겠습니다.

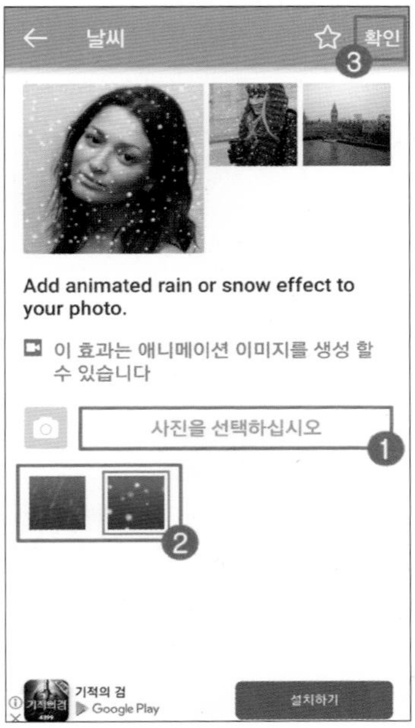

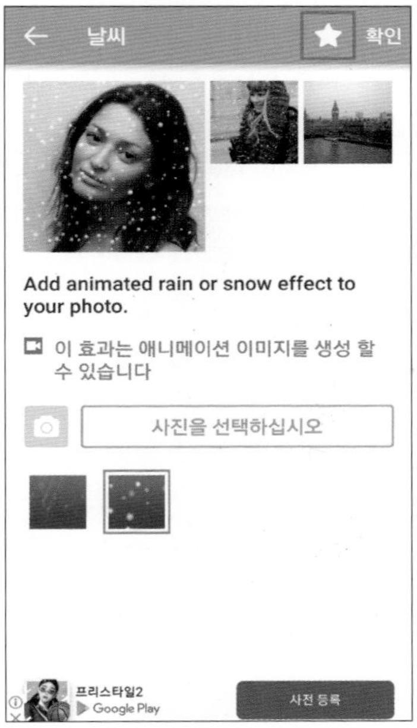

1 ① 검색창에 **[날씨]**를 검색합니다. ② 날씨에 관련된 템플릿 중 원하는 템플릿을 터치합니다.

2 ① 합성에 필요한 사진을 직접 촬영하거나 사용자 갤러리에서 사진을 불러올 수 있습니다.
② 비 내리기 효과와 눈 내리기 효과 중 선택합니다. ③ **[확인]**을 터치하여 진행합니다.

3 ★를 터치하여 맘에 드는 효과를 즐겨찾기에 등록할 수 있습니다.

34강 이젠 나도 키오스크 전문가!

1 무인민원발급기

1 ① [**Play 스토어**]에서 [**서초구 키오스크 체험교육 어플**]을 설치합니다.

2 ② 어플을 실행할 때마다 자동으로 로딩이 됩니다.

3 ③ [**무인민원발급기**] 아이콘을 터치합니다.

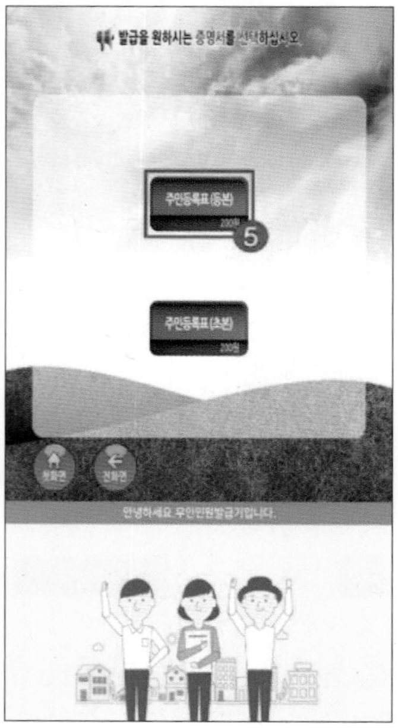

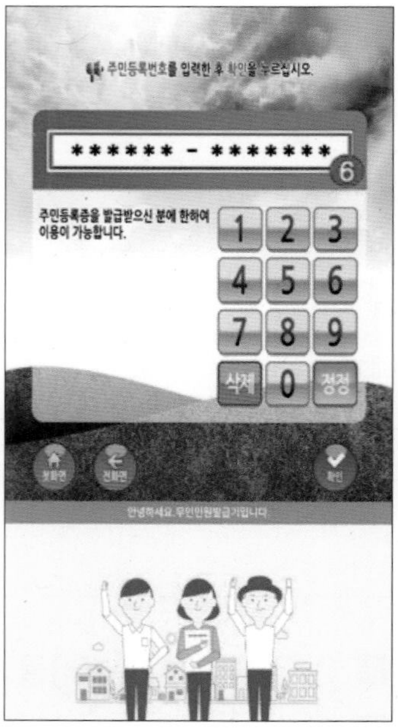

1 ④ 발급을 원하는 [**증명서**]를 선택합니다.

2 ⑤ 상세선택을 합니다.

3 ⑥ 정확하게 [**주민등록번호**]를 입력합니다.

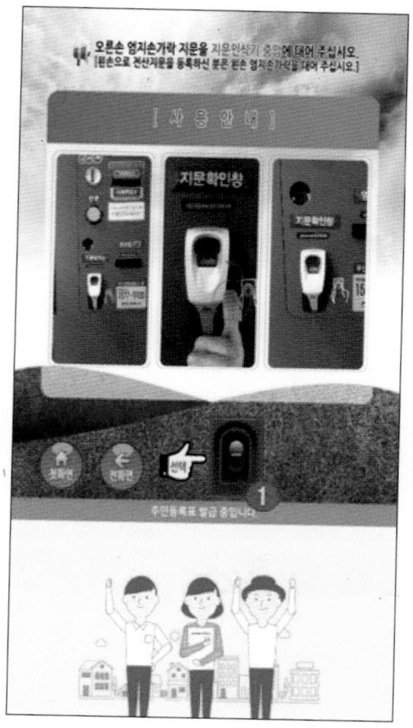

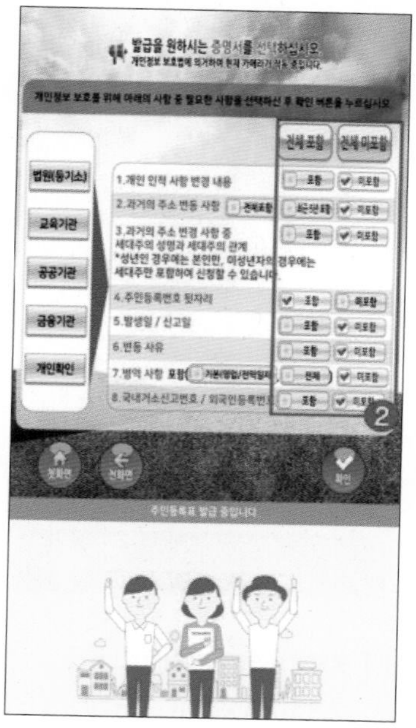

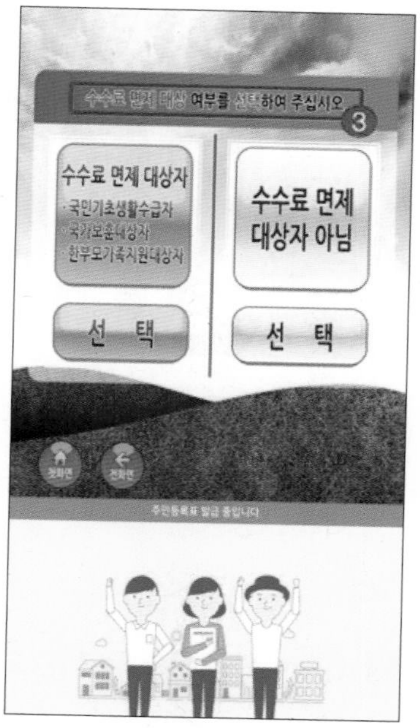

1 ① 오른쪽 엄지손가락을 **[지문인식기]** 에 대어줍니다.

2 ② 본인 확인이 되면 발급을 원하는 **[항목]**을 선택합니다.

3 ③ **[수수료 면제 대상인지]** 확인한 후 선택합니다.

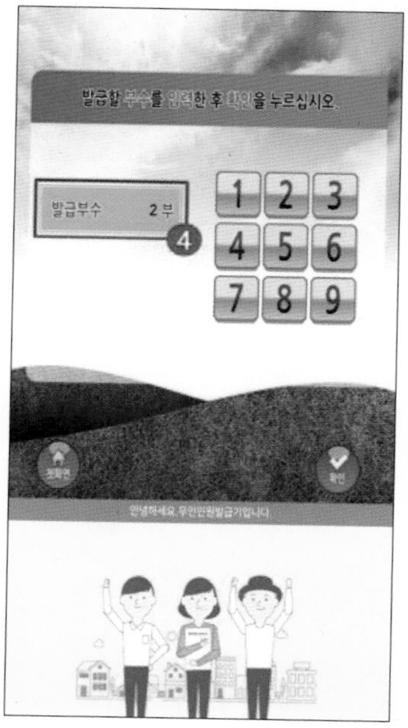

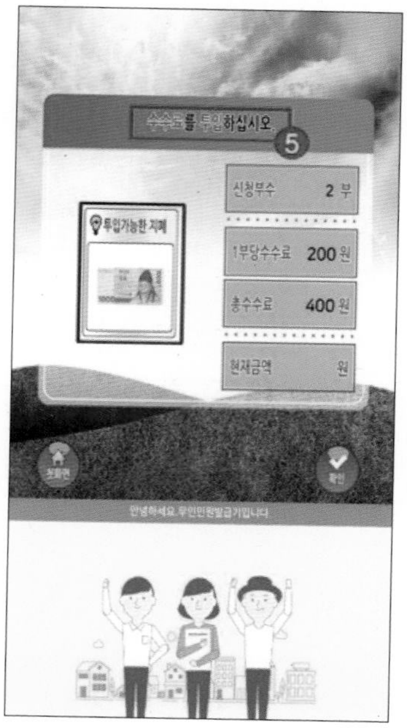

1 ④ **[발급할 부수]**를 입력하고 확인 버튼을 터치합니다.

2 ⑤ **[수수료를 투입]** 합니다.

3 ⑥ 증명서 발급이 완료되었습니다.

2 카페

1 ① 서초 키오스크 체험교육 어플에서 **[카페]**를 터치합니다.

2 매장에서 먹을 것인지, 포장할 것인지를 선택합니다.

3 ② **[주문할 음료]**를 선택합니다.

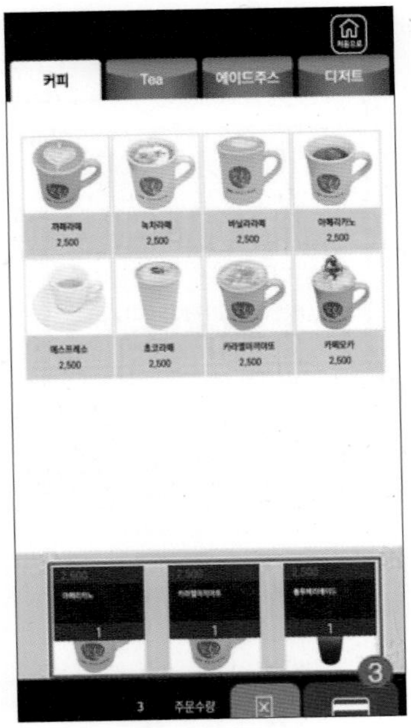

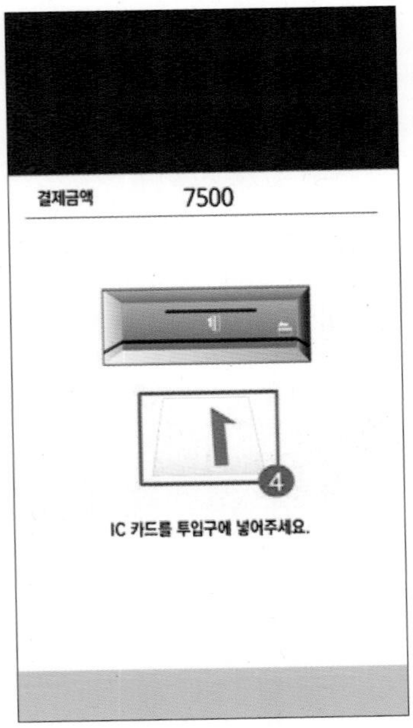

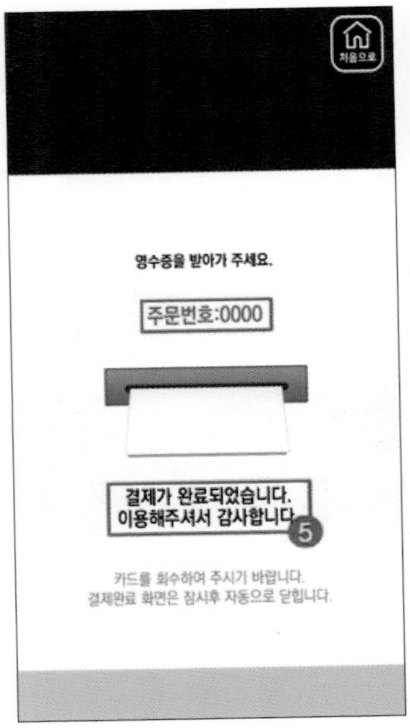

1 ③ **[주문한 음료와 수량]**을 확인합니다.

2 ④ **[카드를 투입]** 합니다.

3 ⑤ 결제가 완료되었습니다. **[주문번호]**를 확인하고 음료를 수령합니다.

3 패스트푸드

1 ① 서초 키오스크 체험교육 어플에서 **[패스트푸드]**를 터치합니다.

2 매장에서 식사할 것인지, 포장할 것인지를 선택합니다.

3 ② **[주문할 버거와 음료]**를 선택합니다.

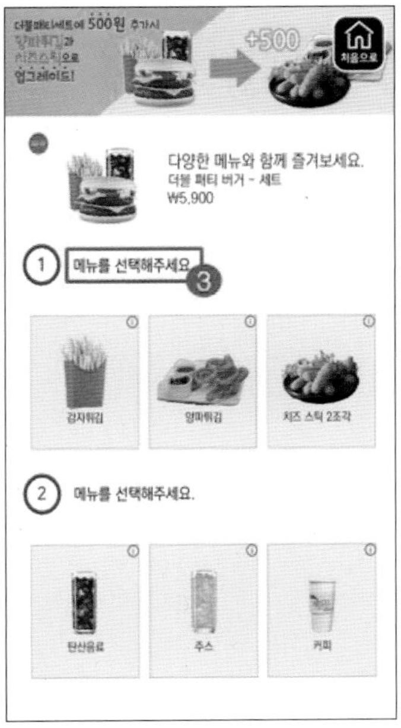

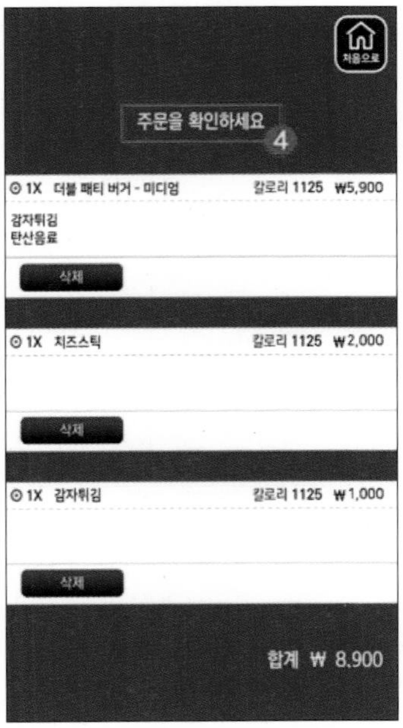

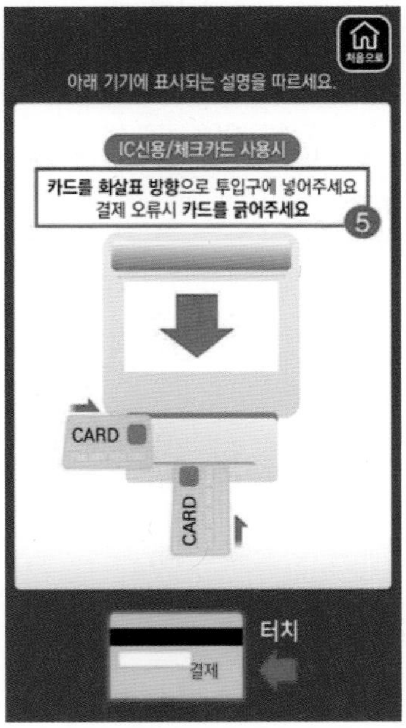

1 ③ **[추가할 메뉴]**를 선택합니다. 2 ④ **[주문내역]**을 확인합니다.

3 ⑤ 표시되는 설명을 따라 **[결제할 카드]**를 바르게 넣어줍니다.

결제완료
결제가 완료되었습니다.
6

주문번호는 0000입니다.
주문 번호표가 출력될 예정입니다.
7

1 ⑥ **[결제가 완료]** 되면 2 ⑦ **[주문번호]**가 화면에 보이고 주문 번호표가 출력됩니다.

CHECK 리스트

4 코레일 열차표 예매하기

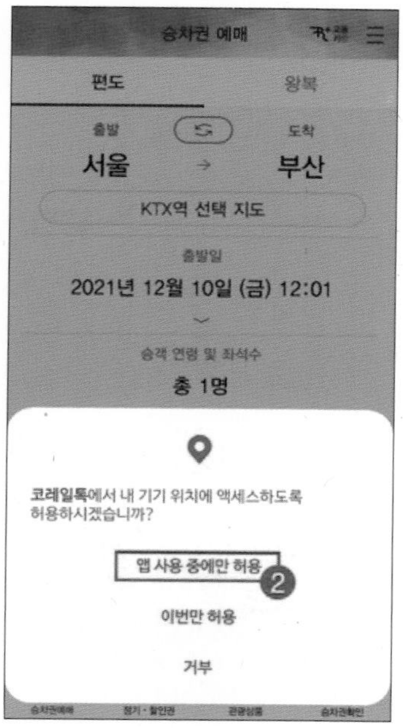

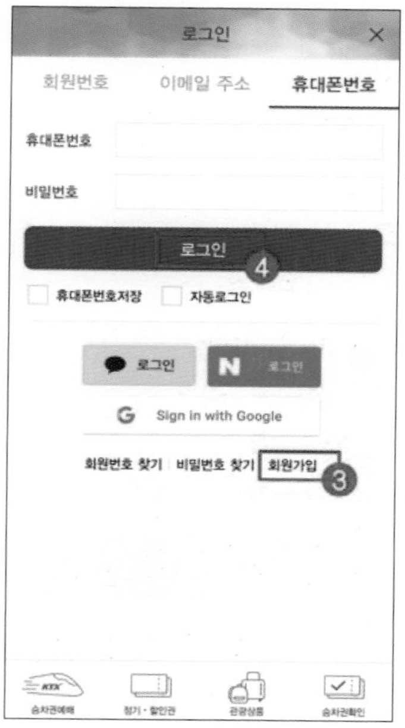

1 ① [Play 스토어]에서 [코레일 어플]을 설치합니다.

2 ② 코레일 톡에서 내 기기 위치에 액세스하도록 [앱 사용 중에만 허용]을 터치합니다.

3 ③ [회원가입]을 합니다. ④ 티켓팅을 하려면 반드시 [로그인]을 해야 합니다.

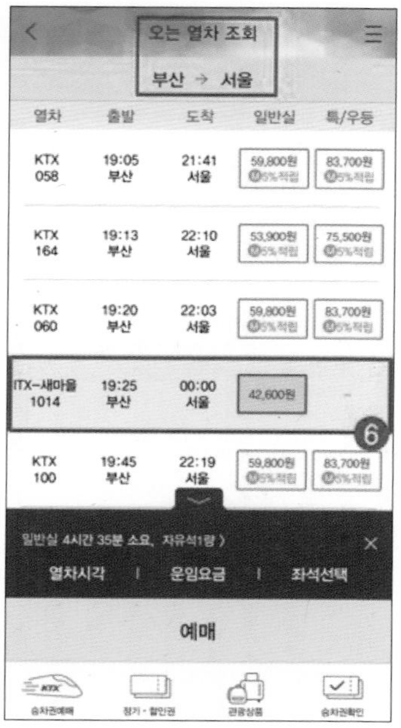

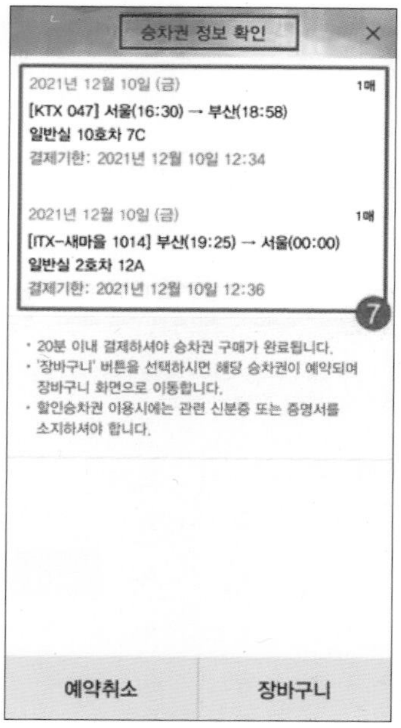

1 ⑤ 가는 열차를 조회합니다.

2 ⑥ 가는 열차를 조회하고 선택합니다.

3 ⑦ 선택한 왕복 열차표 정보를 확인합니다.

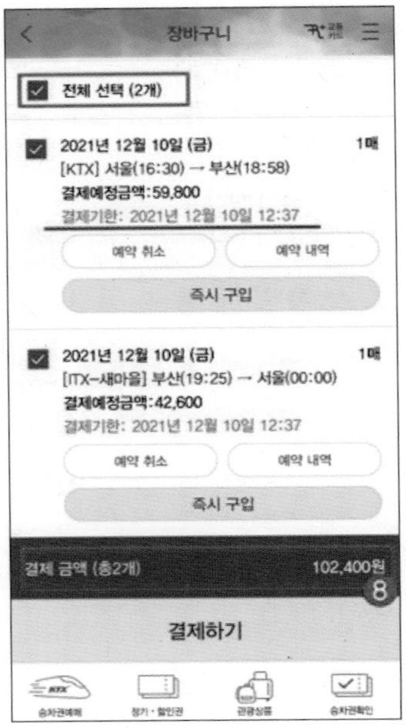
장바구니
전체 선택 (2개)
2021년 12월 10일 (금) 1매
[KTX] 서울(16:30) → 부산(18:58)
결제예정금액:59,800
결제기한: 2021년 12월 10일 12:37
예약 취소
예약 내역
즉시 구입
2021년 12월 10일 (금) 1매
[ITX-새마을] 부산(19:25) → 서울(00:00)
결제예정금액:42,600
결제기한: 2021년 12월 10일 12:37
예약 취소
예약 내역
즉시 구입
결제 금액 (총2개) 102,400원
8
결제하기

결제
카드결제
간편결제
승차권 102,400원
할인 적용 전 102,400원 (총 0원 할인)
KTX 마일리지 0 점 사용
포인트 사용
KTX 마일리지
간편결제
선택 안함
네이버페이
PAYCO
카카오페이
간편현금결제
신한pLay
제로페이
9
총 2개 102,400원
결제/발권

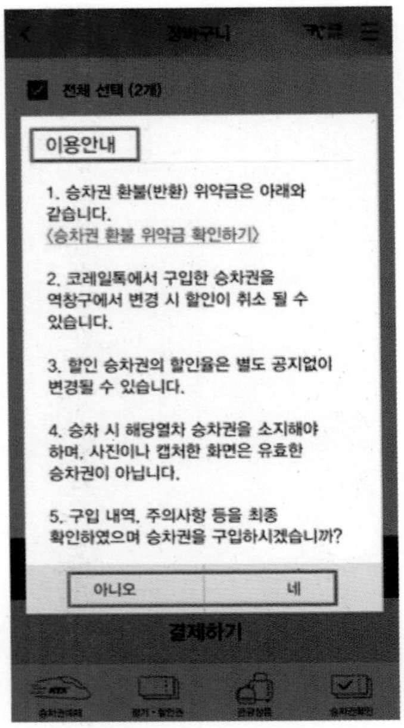
전체 선택 (2개)
이용안내
1. 승차권 환불(반환) 위약금은 아래와 같습니다.
〈승차권 환불 위약금 확인하기〉
2. 코레일톡에서 구입한 승차권을 역창구에서 변경 시 할인이 취소 될 수 있습니다.
3. 할인 승차권의 할인율은 별도 공지없이 변경될 수 있습니다.
4. 승차 시 해당열차 승차권을 소지해야 하며, 사진이나 캡처한 화면은 유효한 승차권이 아닙니다.
5. 구입 내역, 주의사항 등을 최종 확인하였으며 승차권을 구입하시겠습니까?
아니오
네
결제하기

1 ⑧ 구입하고자 하는 승차권 내역과 금액을 확인 후 **[결제하기]**를 터치합니다.

2 ⑨ 카드 또는 페이로 간단하게 결제할 것인지 선택한 후 **[결제 / 발권]**을 터치합니다.

3 승차권 구입에 관한 **[이용안내]** 메시지를 확인한 후 **[네]**를 터치합니다.

비회원
이름 홍길동
전화번호 01012345687
비밀번호
비밀번호 확인
1
※ 승차권 반환, 확인 등을 위한 필수정보이니 정확히 입력해 주세요.
코레일 멤버십에 가입하시면 KTX365할인, 청소년드림상품 등 할인상품을 이용하실 수 있습니다.
완료

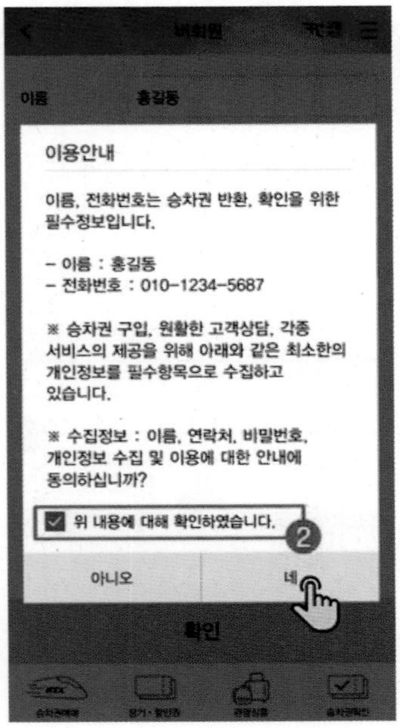
이용안내
이름, 전화번호는 승차권 반환, 확인을 위한 필수정보입니다.
- 이름 : 홍길동
- 전화번호 : 010-1234-5687
※ 승차권 구입, 원활한 고객상담, 각종 서비스의 제공을 위해 아래와 같은 최소한의 개인정보를 필수항목으로 수집하고 있습니다.
※ 수집정보 : 이름, 연락처, 비밀번호, 개인정보 수집 및 이용에 대한 안내에 동의하십니까?
위 내용에 대해 확인하였습니다.
2
아니오
네
확인

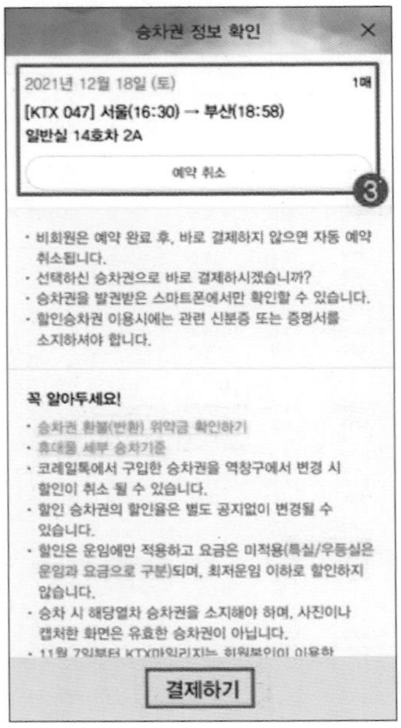
승차권 정보 확인
2021년 12월 18일 (토) 1매
[KTX 047] 서울(16:30) → 부산(18:58)
일반실 14호차 2A
예약 취소
3
· 비회원은 예약 완료 후, 바로 결제하지 않으면 자동 예약 취소됩니다.
· 선택하신 승차권으로 바로 결제하시겠습니까?
· 승차권을 발권받은 스마트폰에서만 확인할 수 있습니다.
· 할인승차권 이용시에는 관련 신분증 또는 증명서를 소지하셔야 합니다.
꼭 알아두세요!
· 코레일톡에서 구입한 승차권을 역창구에서 변경 시 할인이 취소 될 수 있습니다.
· 할인 승차권의 할인율은 별도 공지없이 변경될 수 있습니다.
· 승차 시 해당열차 승차권을 소지해야 하며, 사진이나 캡처한 화면은 유효한 승차권이 아닙니다.
결제하기

1 ① 비회원으로 예매할 경우 이름과 전화번호, 그리고 비밀번호를 꼭 입력해야 합니다.

2 ② 이용안내 메시지를 확인하고 **[체크]** 합니다. **[네]**를 터치합니다.

3 ③ 승차권 정보를 확인하고 **[결제하기]**를 터치합니다.

5 코레일 열차표 취소하기

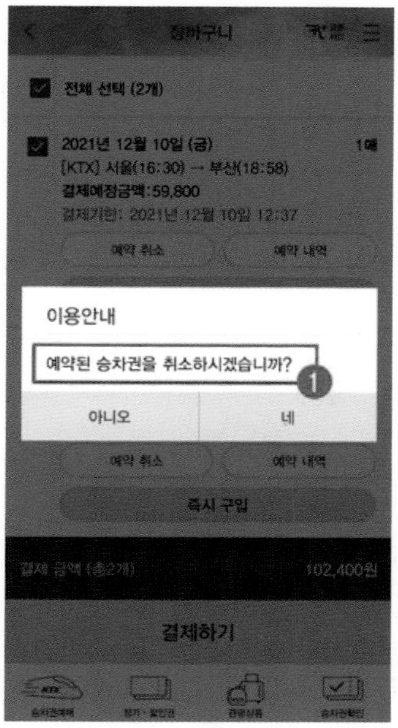

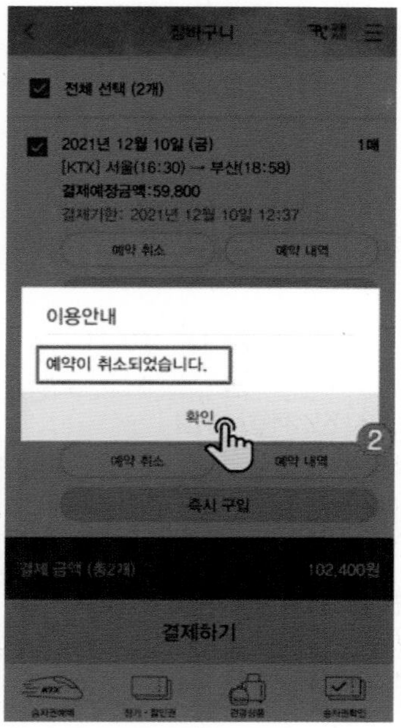

1 ① 예매한 승차권을 취소 하고자 할 때는 장바구니에서 **[예약취소]**를 클릭한 후 **[네]**를 터치합니다.

2 ② **[예약이 취소되었습니다]** 라는 안내 메시지가 보입니다. **[확인]**을 터치합니다.

3 ③ 장바구니에서 예약취소 내용을 확인합니다.

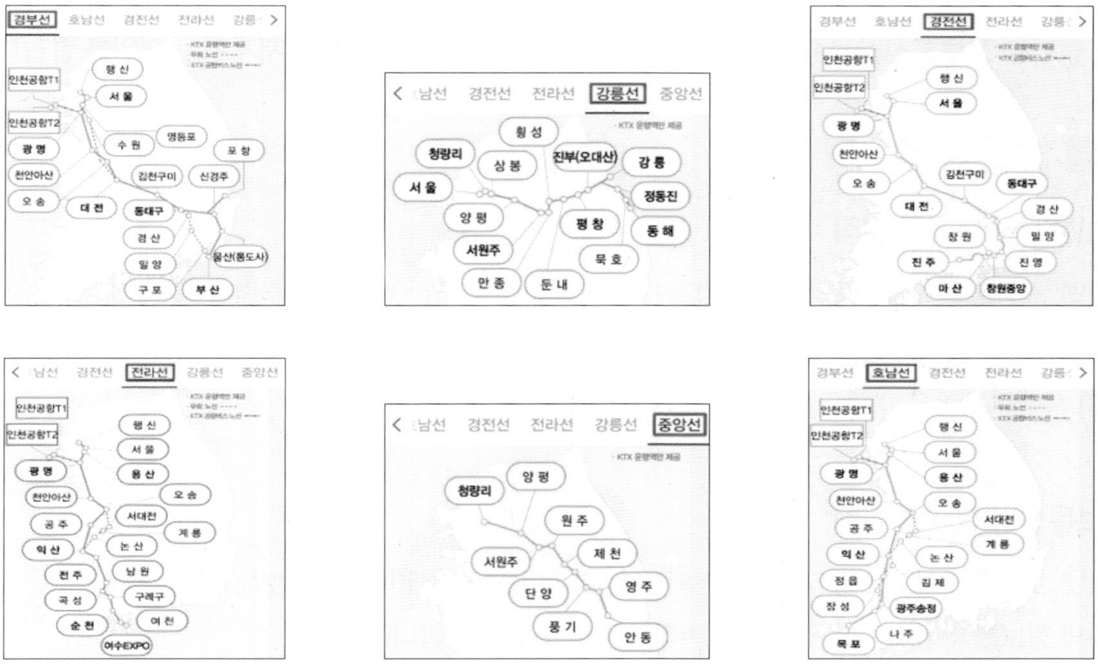

[KTX 철도 노선도]

35강 어르신들이 꼭 알고 활용해야 할 디지털 범죄 예방 앱

세상에 이런일은 없다!

- 금융감독원에서 일반 사람들에게 전화할 일은 없다!
- 경찰청 직원 가족이 아니라면 검찰청에서 전화할 일은 없다!
- 결혼식 청첩장 전달할 때 친한 사람은 직접 전화한다.
- 택배 - 운송장번호, 네이버 택배 조회해 본다.
- 문서요구 - 문자로 폰 고장 났다고 신분증 요구할 일은 없다.
- 큰 범죄를 저질러도 검찰청이나 금융권에서

  급하게 일처리 하지 않는게 현실이다!

디지털 범죄

디지털 범죄는 정보통신망을 이용하여 타인의 권리를 침해하거나 범죄를 저지르는 행위를 말합니다.

디지털 범죄 구분

❶ 정보통신망 이용형 범죄

인터넷, 스마트폰, SNS 등 정보통신망을 이용하여 타인의 금전이나 재산을 편취하거나, 개인정보를 빼돌리는 등의 범죄를 말합니다.

예시) 사이버사기, 사이버금융범죄, 개인·위치정보 침해 등이 있습니다.

❷ 정보통신망 침해형 범죄

인터넷, 스마트폰, SNS 등 정보통신망의 정상적인 기능을 방해하거나, 정보통신망을 침입하여 타인의 정보를 빼돌리거나, 정보를 훼손하는 등의 범죄를 말합니다.

예시) 해킹, 서비스 거부공격, 악성프로그램 등이 있습니다.

❸ 불법콘텐츠형 범죄

인터넷, 스마트폰, SNS 등 정보통신망을 이용하여 음란물, 불법 도박, 음란·폭력성 게시물 등을 유포하거나, 저작권을 침해하는 등의 범죄를 말합니다.

예시) 사이버성폭력, 사이버도박, 사이버 명예훼손 등이 있습니다

★ 한국 인터넷 진흥원 (https://www.kisa.or.kr/301)
정보통신망의 고도화와 안전한 이용촉진 및 정보보호•디지털과 관련한 대국민 지원을 효율적으로 추진하고자 설립된 기관입니다. 사이트에 방문해서 '고객서비스' 메뉴를 클릭하시면 유용한 다양한 '주요 서비스'를 이용할 수 있습니다.

모바일 범죄

모바일 범죄는 디지털 범죄의 한 유형으로 볼 수 있지만, 모바일 기기의 특성상 다음과 같은 특징을 가지고 있습니다.

모바일 범죄 특징

❶ 범죄의 범위가 다양화되고 있다.

모바일 기기를 이용하여 사이버사기, 사이버금융범죄, 사이버성폭력, 사이버도박, 사이버 명예훼손, 사이버저작권침해 등의 범죄를 저지를 수 있습니다.

❷ 범죄의 난이도가 낮아지고 있다.

모바일 기기를 이용한 범죄는 비교적 간단한 기술만으로도 저지를 수 있어, 범죄에 대한 진입 장벽이 낮아지고 있습니다.

❸ 범죄의 피해가 심각해지고 있다.

모바일 기기를 이용한 범죄는 피해자의 개인정보 유출, 금전 피해, 명예훼손, 심리적 피해 등 심각한 피해를 초래할 수 있습니다.

모바일 범죄 예시

① **사이버 사기 :** 모바일 메신저, SNS, 쇼핑몰 등 모바일 기기를 이용하여 피해자에게 접근하여 금전이나 재산을 편취하는 범죄입니다.

② **사이버 금융범죄 :** 모바일 기기를 이용하여 금융기관을 사칭하거나, 악성 프로그램을 유포하여 피해자의 금융 정보를 빼돌리는 범죄입니다.

③ **사이버 성폭력 :** 모바일 기기를 이용하여 피해자의 성적 촬영물을 불법 촬영하거나, 유포하는 범죄입니다.

④ **사이버저작권침해 :** 모바일 기기를 이용하여 저작권이 있는 콘텐츠를 무단으로 복제하거나, 유포하는 범죄입니다.

⑤ **사이버도박 :** 모바일 기기를 이용하여 불법 도박을 하는 범죄입니다.

⑥ **사이버 명예훼손 :** 모바일 기기를 이용하여 피해자의 명예를 훼손하는 범죄입니다.

모바일 범죄 피해 예방 안전 수칙

- **개인정보를 안전하게 관리하세요.**
  SNS, 쇼핑몰 등에서 개인정보를 입력할 때는 반드시 주의하고, 비밀번호는 자주 변경하세요.
- **출처가 불분명한 메시지나 링크는 클릭하지 마세요.**
  악성 프로그램이 첨부된 메시지나 링크를 클릭하면 개인정보가 유출되거나, 피해를 입을 수 있습니다.
- **안전한 Wi-Fi에 접속하세요.**
  공공장소의 Wi-Fi는 보안이 취약할 수 있으므로, 중요한 정보를 입력하거나, 개인정보를 다룰 때는 안전한 Wi-Fi에 접속하세요.
- **최신 보안 업데이트를 적용하세요.**
  모바일 기기의 운영체제나 애플리케이션의 보안 업데이트를 최신 상태로 유지하세요.

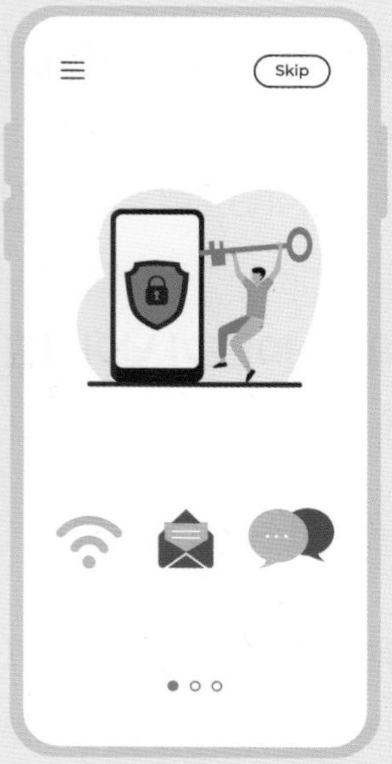

꼭 알고 활용해야 할 모바일 범죄 예방 정보

스미싱

Q : 문자에 있는 인터넷 링크주소만 터치해도 내 정보가 유출 되나요?

A : 스미싱은 문자메시지(SMS)와 피싱(Phishing)의 합성어로,

❶ '무료쿠폰 제공', '돌잔치 초대장', '모바일 청첩장' 등을 내용으로 하는 문자메시지 내 인터넷주소 클릭하면

❷ 악성코드가 스마트폰에 설치되어

❸ 피해자가 모르는 사이에 소액결제 피해 발생 또는 개인·금융정보 탈취

● 문자에 있는 링크 클릭시 일어날 수 있는 일

① 폰에 해킹 어플이 설치됨

② 특정 이유를 들어 개인정보 요구

③ 전화 도청 또는 문자 메시지 해킹 등이 일어날 수 있습니다.

개인정보를 요구한다면 이를 거절하면 될 것입니다.

그러나 해킹 어플이 자동으로 설치되거나 도청, 문자메시지 해킹이 된다면,
폰 소유자 본인은 이유도 알지 못한 상태로 본인의 여러 정보들이 새어나갈 수 있습니다.

이런 형태는 결국 해킹하는 측에서 마음만 먹는다면 얼마든지 피해를 줄 수 있기 때문에 무척이나 위험합니다.

그렇기 때문에 스미싱 문자의 링크는 애초에 누르지 않는 것이 최선입니다. 하지만 그들의 수법에 속아 실수로라도 누르게 된다면, 그때는 어떻게 대처해야 할지에 대해 알아보도록 하겠습니다.

● **스미싱 문자의 링크를 누른 후 대처 방법**(안드로이드)

① 한국인터넷진흥원 118 상담센터로 전화하여 상담

② Play 스토어에서 백신 어플 (V3, 알약 등) 다운로드 후 악성코드 검사 및 치료

③ "내 파일" > Download 폴더 > apk 파일 있다면 삭제

④ 통신사 소액결제 차단, 콘텐츠이용료 결제 중지/차단 신청

⑤ 통신사 부가서비스인 번호도용차단서비스 신청

⑥ 휴대폰에 보관 중이던 공인인증서 폐기

⑦ 스미싱 문자 내 URL 주소 신고
(휴대폰 간편신고 or 보호나라 홈페이지에서 신고 접수)

⑧ 금전적 피해를 당했을 경우, 경찰서(☎112)에 피해 내용을 신고하여 '사건사고 사실확인원'을 발급받아 이동통신사, 게임사, 결제대행사 등 관련 사업자에게 제출하면 피해 구제를 받을 수 있다고 합니다.

⑨ 더 자세한 정보는 방송통신 이용자 정보 포털 사이트 참조하세요.

★ **금융감독원보이스피싱지킴이**
(https://www.fss.or.kr/fss/main/sub1voice.do?menuNo=200012)

★ **보호나라 홈페이지 (https://www.boho.or.kr/main.do)**

★ **와이즈유저 (www.wiseuser.go.kr)**

이것만은 꼭 알고 계시면 디지털 범죄 예방하실 수 있습니다!

- ☑ **정부기관이나 금융기관은 어떠한 경우에도 전화나 문자로 금전 및 개인정보를 요구 하지 않습니다.**
- ☑ **의심전화 표시 앱 적극 활용하기 :** T전화, 후후(WhoWho), 후스콜
- ☑ **통장 양도 및 매매 금지**
- ☑ **ATM 지연인출제도 :** 100만원 입금시 이체 및 인출 30분 지연시킬 수 있으며 사기범의 현금인출 시간을 지연시키는게 목적입니다. 이 서비스를 이용하시려면 거래 은행을 통해 ATM 지연 인출 시스템을 미리 신청하시기 바랍니다.
- ☑ **지연이체 서비스 :** 자금 이체시 일정시간 송금시간을 지연시키는 서비스로 피래구제를 위한 시간을 확보하실 수 있습니다. 직접 본인이 신청하셔야 합니다.
- ☑ **입금계좌 지정 서비스 :** 내가 지정한 계좌 외에는 1일 100만원 이내 소액 송금만 가능하며 보이스피싱 사고를 사전에 방지하는 것이 목적입니다.
- ☑ **해외 IP차단 서비스 :** 해외접속 IP를 통해서 이용되는 이체거래를 차단하는 서비스이며 해외에서 보이스피싱을 시도하는 경우 원천적으로 차단하는 것이 목적입니다. 스마트폰이든 PC든 상관없이 거래할 수 있는 단말기를 미리 지정하여 승인할 수 있습니다. 승인되지 않은 기기에서 거래 요청이 들어올 경우 추가 인증이 필요하므로 무단 액세스를 효과적으로 방지하고 개인 정보 도난 위험을 줄일 수 있습니다.
- ☑ **고령자 지정인 알림 서비스 :** 고령자 지정인 알림 서비스는 고령자를 대상으로 하는 서비스로 사기 대출을 예방하는 데 도움이 됩니다. 이 서비스는 만 65세 이상 고객이 카드론을 이용할 때마다 지정한 사람에게 문자 메시지를 발송합니다. 고령자는 건망증과 조작에 취약하기 때문에 이 알림 시스템은 잠재적인 대출 사기를 방지하는 안전장치 역할을 합니다. 가족 등 신뢰할 수 있는 사람이 알림을 받도록 사전 승인하면 노인은 사기 대출 거래를 예방할 수 있습니다.
- ☑ 112(경찰청) 또는 1332(금융감독원)에 전화해서 지급 정지 요청을 하실 수 있습니다.
- ☑ **개인정보노출자 사고 예방시스템(https://pd.fss.or.kr)**에서 신규 계좌 개설 제한을 하실 수 있습니다.
- ☑ **계좌정보통합관리서비스(www.payinfo.or.kr)**에서 모든 계좌 일괄지급정지 신청을 하실 수 있습니다.
- ☑ **명의도용방지서비스(www.msafer.or.kr)**에서 휴대전화 신규 개설 방지 신청을 하실 수 있습니다.

스마트폰에서 실습하기

- 스마트폰 2단계 인증
- 설정 ➡ 보안 및 개인정보 보호 ➡ 보안 업데이트 ➡ 소프트웨어 업데이트
- 출처를 알 수 없는 앱 설치 권한 확인
  ➡ 설정 ➡ 보안 및 개인정보 보호 ➡ 출처를 알 수 없는 앱 설치 비활성화
- 앱 권한관리 설정하기
- 위치 권한 설정하기
- 잠금화면 설정 여부 점검
- 구글 플레이 프로텍트 인증 기능 사용여부 점검
- 알약 설치 ➡ 다양한 보안 서비스 활용하기
- 보안폴더 활용하기
- 개발자 옵션 활성화 여부 점검 ➡ 비활성화 되어 있는 경우 안전
  개발자 옵션은 보안 조치를 우회하는 데 악용될 수 있는 고급 기능을 제공하므로 민감한 데이터에 무단 접근으로 이어질 수 있습니다. 개발자 옵션을 활성화 할 경우 동의 없이 사용자 데이터를 수집하고 전송할 수 있으므로 사용자의 개인정보를 침해할 수 있습니다.

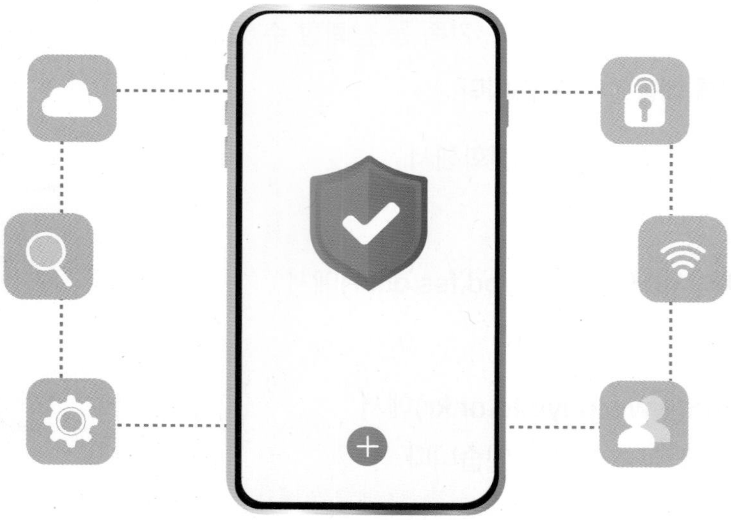

모바일 범죄 예방 앱 활용하기

경찰청 사이버 캅 앱 활용

경찰청 사이버 캅 앱은 인터넷 사기를 예방하기 위해 대한민국 경찰청에서 개발한 모바일 애플리케이션입니다. 이 앱에서는 다음과 같은 기능을 제공합니다.

① 사이버 범죄 신고 이력 조회

상대방의 전화번호나 계좌번호를 입력하면 해당 번호나 계좌가 최근 3개월 동안 3회 이상 인터넷 사기에 이용되었는지 여부를 확인할 수 있습니다.

② 인터넷 사기 피해 신고 사례 조회

인터넷 쇼핑몰이나 중고거래 사이트에서 거래하고자 하는 상품이나 게시글의 URL을 입력하면 해당 상품이나 게시글이 인터넷 사기에 이용되었는지 여부를 확인할 수 있습니다.

③ 스미싱 탐지

문자 메시지 내에 포함된 링크를 클릭하면 악성 코드가 설치되는 경우가 있는데 이를 방지하기 위해 문자 메시지 내에 포함된 링크가 악성 코드를 포함하고 있는지 여부를 검사할 수 있습니다.

시티즌 코난 앱 활용

시티즌 코난은 경찰대학과 민간 보안업체가 공동으로 개발한 앱으로, 자신도 모르게 휴대폰에 깔려 있는 악성 앱을 찾아 삭제까지 원스톱으로 해주는 스마트폰 백신 앱입니다.

악성 앱은 일반 앱과 거의 비슷하게 생겨서 이용자는 악성 앱 여부를 분간하기가 어려운데 시티즌 코난 앱은 금융기관, 공공기관, 택배 등을 사칭한 악성 앱을 실시간 탐지 및 삭제가 가능합니다. 경찰에서는 보이스피싱 예방을 위해 주민들이나 사기 피해자에게 이 앱을 설치해주고 있습니다.

피싱아이즈

피싱아이즈는 금융 보이스피싱 탐지 및 예방 솔루션으로서 시티즌코난(피싱아이즈 폴리스)과 함께 운영되고 있습니다.

피싱아이즈는 경찰청 및 제휴된 금융사와 다양한 유형의 피싱에 대해 실시간적으로 공동 대응함으로써, 피싱범의 4대 현혹 행위(악성 앱, 원격제어 앱, 문자, 카카오톡)와 5대 갈취 채널(APP, WEB, ARS, ATM, 창구)로부터 보이스피싱을 예방하는 국내 유일의 "보이스피싱 민관 공동 대응망 서비스" 입니다. 피싱아이즈는 경찰대학 치안정책 연구소와 함께 운영하는 시티즌코난(=피싱아이즈 폴리스)과 함께 운영됩니다.

36강 AI 챗GPT 어렵지 않아요!

Ai란 무엇인가?

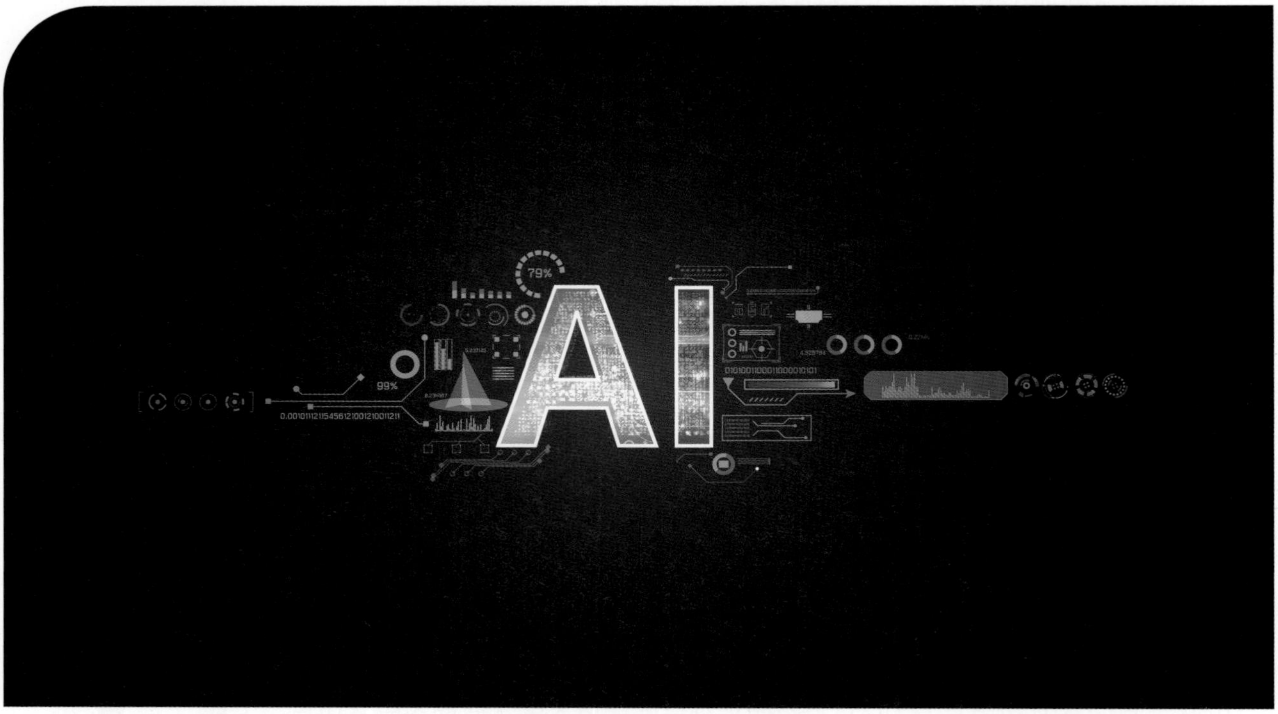

AI는 Artificial Intelligence의 약자로, '인공지능'이라고 읽습니다.

인공지능은 학습, 문제 해결, 패턴 인식 등과 같이 주로 인간 지능과 연결된 인지 문제를 해결하는 데 주력하는 컴퓨터 공학 분야입니다.
인간의 지능에는 학습 능력, 추론 능력, 지각 능력 등이 있는데, 인공지능은 이러한 능력을 컴퓨터에 구현하여 다양한 문제를 해결할 수 있도록 합니다.

AI, 즉 인공지능은 컴퓨터나 기계가 인간처럼 생각하고 학습할 수 있게 만든 기술입니다. 이 기술은 다양한 방식으로 우리 주변에 적용되고 있습니다.

예를 들면, 스마트폰의 음성인식 기능, 자동차의 자율주행 시스템, 인터넷 쇼핑몰에서 개인의 취향에 맞춘 상품 추천 등이 모두 AI 기술을 사용하고 있습니다.

인공지능은 다양한 분야에서 활용되고 있습니다. 대표적인 분야로는 다음과 같은 것들이 있습니다.

- **자율주행 자동차:** 자동차가 스스로 운전하는 기술에도 인공지능이 핵심적인 역할을 합니다. AI는 도로 상황, 교통 신호, 주변 차량을 인식하고 이해하여 안전한 운전을 가능하게 합니다.

- **의료:** 인공지능은 의료 이미지 분석, 예를 들어 X-레이나 MRI 스캔에서 질병을 감지하는 데 사용됩니다. AI 알고리즘은 이러한 이미지를 빠르고 정확하게 분석하여 의사가 진단을 내리는 데 도움을 줄 수 있습니다.

- **금융:** 은행과 금융 기관은 AI를 사용하여 사기 거래를 감지하고 위험 관리를 수행합니다. AI 시스템은 대량의 거래 데이터를 분석하여 이상 행동을 식별할 수 있습니다.

- **교육:** 인공지능은 학생들의 학습 스타일과 성취도를 분석하여 개인별 맞춤형 학습 경험을 제공할 수 있습니다. 예를 들어, AI가 학생의 약점을 파악하고 그에 맞는 추가 학습 자료를 제공함으로써 효과적인 학습을 돕습니다.

- **고객 서비스:** 많은 회사에서는 챗봇을 이용하여 고객 문의에 대응하고 있습니다. 이 챗봇들은 자연어 처리(NLP)라는 AI 기술을 사용하여 사람들의 질문을 이해하고 적절한 답변을 제공합니다.

- **추천 서비스:** 넷플릭스나 유튜브 같은 플랫폼은 사용자의 시청 이력과 선호도를 분석하여 맞춤형 콘텐츠를 추천합니다. 이러한 추천 시스템 뒤에는 사용자 데이터를 분석하고 학습하는 AI 알고리즘이 있습니다.

- **분석 서비스:** 기후 데이터를 분석하여 기후 변화의 원인과 영향을 연구하는 것으로, 기후 변화에 대응하기 위한 정책 수립에 기여합니다. 예를 들어, 미국 NASA는 인공지능을 활용하여 지구의 기후 변화를 연구하고 있습니다.

- **신약 개발:** 인공지능을 활용하여 신약 후보 물질을 발굴하고 개발하는 것으로, 신약 개발의 효율성과 성공률을 향상시키는 데 기여합니다. 예를 들어, 화이자는 인공지능을 활용하여 신약 개발을 진행하고 있습니다.

Ai는 크게 두 가지 주요 요소로 구성됩니다.

머신러닝(Machine Learning)과 딥러닝(Deep Learning)

인공지능 > 머신러닝 > 딥러닝 관계
인공지능 | Artificial Intelligence
학습, 문제해결, 패턴 인식 등과 같이 주로 인간 지능과
연결된 인지 문제를 해결하는 데 주력하는 컴퓨터 공학 분야
머신러닝 | Machine Learnign
학습, 문제해결, 패턴 인식 등과 같이 주로 인간 지능과
연결된 인지 문제를 해결하는 데 주력하는 컴퓨터 공학 분야
딥러닝 | Deep Learning
인간의 뉴런과 비슷한 방식으로 심층 인공 신경망을
기반으로 학습 방식을 구현하는 머신러닝 기술

머신러닝(Machine Learning)은 컴퓨터에게 많은 데이터를 주고 그 안에서 패턴을 찾게 하는 방식입니다.

예를 들어, 수많은 고양이 사진을 컴퓨터에게 보여주면서 이것이 고양이라고 알려주면 컴퓨터는 점점 더 고양이를 잘 구별하게 됩니다.

딥러닝(Deep Learning)은 기계학습의 한 분야로, 인간의 뇌가 작동하는 방식을 모방한 신경망(Neural Networks)을 사용합니다. 이 신경망은 많은 계층과 노드로 구성되어 있어서, 복잡하고 추상적인 개념까지 학습할 수 있습니다.

좀 더 기계학습(Machine Learning)과 딥러닝(Deep Learning)에 대해서 자세히 알아보겠습니다.

Askup(아숙업, 애스크업)

개요 및 특징

'AskUp(아숙업, 애스크업)'은 'KakaoTalk(카카오톡)'에서 '챗 GPT'와 '대화(Chatting)'를 나눌 수 있는 서비스입니다. 국내 AI 대표 스타트업 '업스테이지(Upstage)' 기업에서 모바일 메신저 '카카오톡'에 23년 3월 론칭하였습니다.

AskUp은 생성 인공지능 챗봇 '챗GPT'를 기반으로 업스테이지의 'OCR(Optical Character Reader)'과 'Upsketch(업스케치)' 기술을 결합하였습니다. 'OCR(광학문자인식)' 기술은 사용자가 문서의 사진을 찍거나 전송하면 그 내용을 읽고 이해하고 답변할 수 있는 일명 '눈 달린 챗 GPT' 입니다, 'Upsketch (업스케치)'는 원하는 이미지 만들어 그려주는 기능과 얼굴 이미지를 바탕으로 더 젊게, 더 멋지게 프로필을 바꿔주는 '손 달린 챗 GPT'입니다.

AskUp은 영어로 '묻다, 질문하다'라는 뜻을 가진 'Ask'에, 'Upstage'의 기업명을 합성한 것으로 한글로는 발음하기 쉽게 '아숙업'이라는 친근한 별명으로 불립니다. '(주)업스테이지'가 'Making AI beneficial(AI로 세상을 더욱 이롭게 만듭니다)'라는 미션으로 AI의 편리함과 기술력을 더 많은 사람이 알고 써보면 좋겠다는 취지에서 카카오톡으로 서비스를 확장한 것이 AskUp입니다.

내 손안의 지식백과처럼 한 번 알아두면 언제 어디서나 유용하게 활용할 수 있는 AskUp은 카카오톡에서 '아숙업' 또는 'AskUp'으로 채널검색 하거나 홈페이지 접속을 통해 추가만 하면 간단히 쓸 수 있습니다. 이러한 특징들은 아숙업 출시 25일 만에 50만 채널 추가를 돌파했습니다.

AskUp 크레딧(질문할 수 있는 혜택)은 1일 GPT-3.5는 100건, GPT-4는 10건이고 이미지에서 1,000자까지 글씨를 읽을 수 있습니다. GPT-4를 사용하기 위해서는 질문 앞에 ' ! '을 붙이면 GPT-4가 친절하게 답을 합니다. 정보를 검색하기 위해서는 궁금한 질문 앞에 ' ? '를 붙여주면, 해당 질문에 관한 정보를 검색하여 알려 줍니다.

장점

- **친화적인 인터페이스**
  별도 앱 설치 없이 카카오톡에서 편리하게 AskUp과 대화할 수 있습니다.
- **자연어 처리 기술과 대화형 인터페이 스**
  AskUp은 자연어 처리 기술을 통해 사용자의 질문을 이해하고, 정확한 답변을 제공하며 대화형 인터페이스를 통해 사용자와 상호작용하며 추가적인 질문에도 답변할 수 있습니다.

- **지식과 정보**
  AskUp은 다양한 주제와 분야에 대한 지식을 갖추고 있어 다양한 종류의 질문에도 대답할 수 있습니다. 구글 검색을 응용하여 최신 뉴스와 실시간 정보도 제공합니다.
- **다국어 지원**
  한국어, 영어, 일본어를 지원하여 사용자들에게 접근성과 사용 편의성을 제공합니다.
- **이미지 및 그림 지원**
  AskUp은 이미지나 그림을 그려주는 기능을 제공하고 사용자가 원하는 이미지를 요청하면 그림을 그려서 보여줄 수 있습니다.

단점

- **최신 정보 제공의 제약**
  AskUp은 2021년 9월까지의 정보를 기반으로 하므로 최신 정보나 이벤트에 대해서는 제한된 지식을 가지고 있습니다. 최신 소식이나 업데이트된 정보에 대해서는 검색을 권장합니다.
- **인간과의 대화 한계**
  AskUp은 AI 챗봇으로써 인간과의 대화 한계가 있을 수 있습니다. 따라서, 감정이나 의도를 완벽히 이해하지 못할 수도 있고, 복잡한 주제나 감정적인 대화에 대해서는 인간의 도움이 필요할 수 있습니다.
- **직접적인 경험 부족**
  AskUp은 직접적인 경험을 갖지 않기 때문에 실제 상황에 대한 답변이 제한될 수 있고, 실제 상황에서는 전문가의 조언이 필요할 수 있습니다.
- **언어 및 문화 제한**
  AskUp은 다양한 언어를 지원하지만, 언어와 문화의 특징에 따라 이해하는 데 제한이 있을 수 있으므로 특정 언어와 문화에 대한 깊은 이해는 한계가 있을 수 있습니다.
- **신뢰성 문제**
  제공되는 모든 정보가 정확하고 신뢰할 수 있는 것은 아닐 수 있으며, 사용자는 답변을 받은 후에도 질문의 내용을 검증해야 합니다.

결론 및 전망

AskUp은 실시간 질문과 답변 플랫폼으로써 빠른 답변 제공, 다양한 분야 지식, 편리한 사용성, 정확한 답변 제공 등의 장점을 가지고 있습니다. 그러나 도메인 제한, 오해 소지, 인간의 판단력 부재, 신뢰성 문제, 대화의 한계와 같은 단점도 있습니다. AskUp은 전반적으로 지속적인 학습과 개선을 통해 서비스의 품질을 향상하고 있으며, 앞으로 더 많은 사용자에게 유용한 정보를 제공할 것으로 전망됩니다. 사용자들의 피드백과 요구를 반영하여 더욱 발전하는 AskUp을 기대해 볼 수 있습니다.

❶ 아숙업 친구 등록하기 - 카카오톡에서 채널추가

1 친구 또는 채팅탭에서 ② **[돋보기]**을 터치합니다.

2 ① 검색창에 [AskUp]를 입력합니다. ② **[채널 아이콘]** 을 터치하여 터치합니다.

3 **[채널 추가]**를 터치합니다.

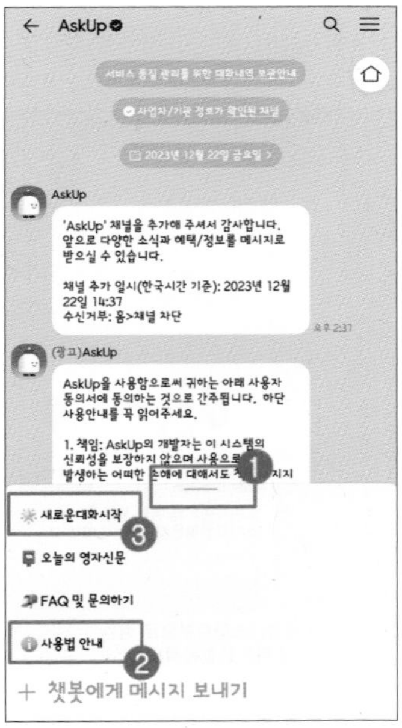

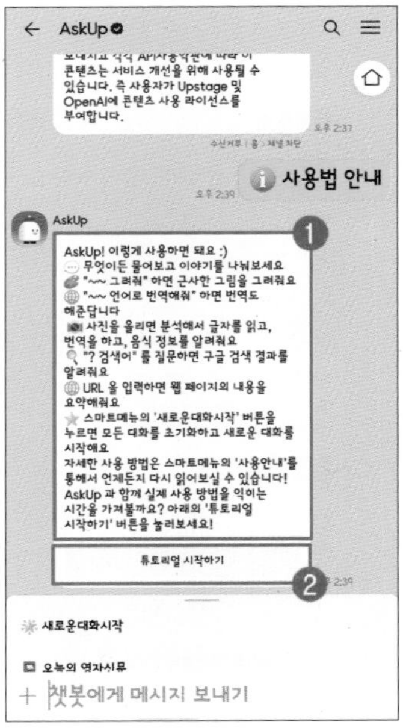

1 ① 채팅 목록에서 채널 추가된 **[AskUp 채널]**을 확인 및 터치합니다.

2 AskUp 첫 화면입니다. ① **[바]** ─ 를 위로 밀어 ② **[사용법 안내]**를 터치합니다. 대화 중 새로운 주제로 대화하려면 ③ **[새로운대화시작]** 터치합니다.

3 ① 사용법이 안내됩니다. 더 자세한 안내가 궁금하면 ② **[튜토리얼 시작하기]**을 터치하여 단계별 상세 설명서를 확인하고 따라서 해봅니다.

② 아숙업 튜토리얼 1~6단계

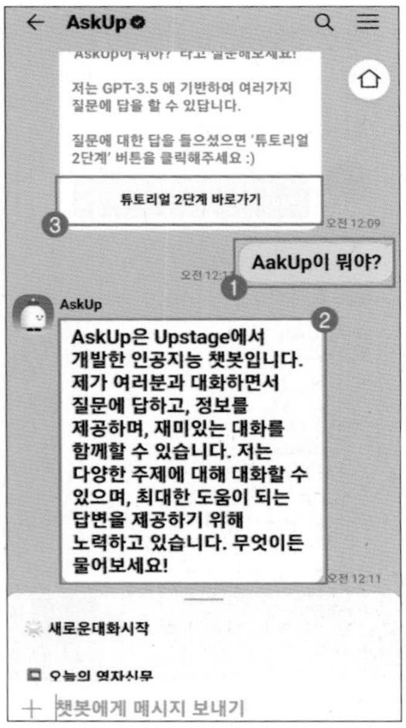

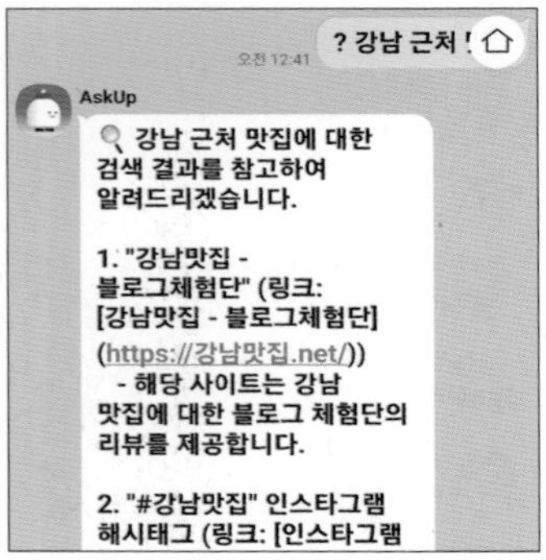

■1 [튜토리얼 1단계 바로가기]을 터치하면 ② 1단계가 시작되며 연습할 질문이 나타납니다.

■2 ① 하단 입력창에 **[AskUp이 뭐야?]**를 입력합니다. ② 답변이 나타납니다. ③ **[튜토리얼 2단계 바로가기]**을 터치합니다. ■3 **[? 강남 근처 맛집]** 질문하고 답변이 나타납니다.

※ AskUp은 GPT-3.5기반이라 2021년 9월까지 정보로 답변하지만, [?] 붙이면 최신 정보를 검색하여 답변합니다.

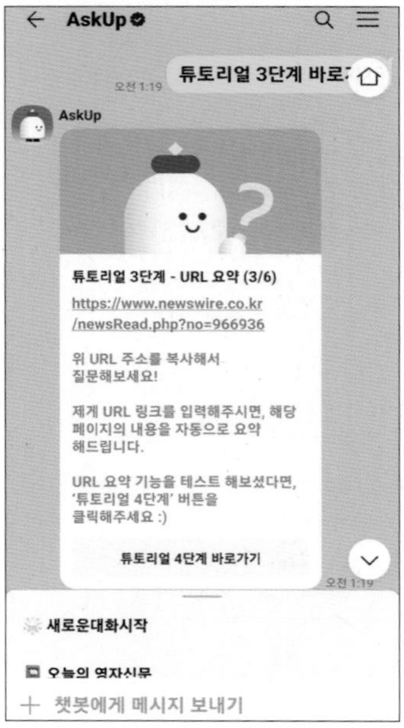

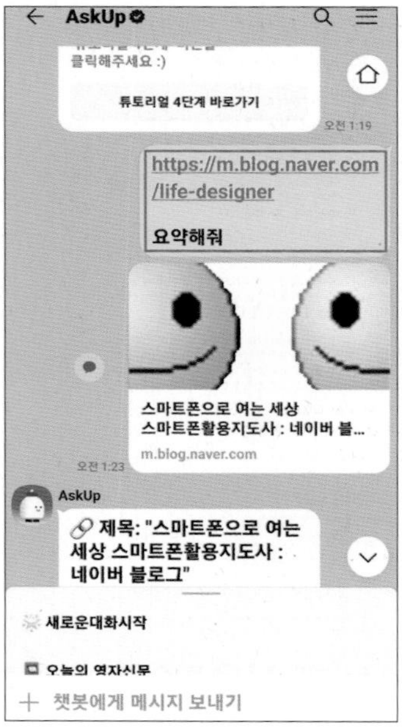

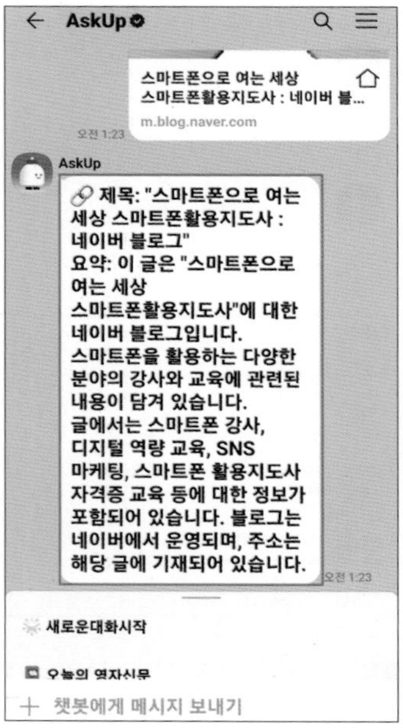

■1 **튜토리얼 3단계**는 **[URL 요약]** 기능입니다.

■2 **[챗봇에게 메시시 보내기]** 창에 URL를 복사하여 붙여 놓고 **[요약해줘]**라고 입력합니다.

■3 해당 URL 내용을 요약하여 보여줍니다.

튜토리얼 4단계 바로가기
AskUp
튜토리얼 4단계 - 이미지 생성 (4/6)
'사람들과 동그란 창문 그려줘' 라고 제게 질문해보세요!
저는 이미지 생성 기능을 제공합니다. '무엇무엇 그려줘' 라고 요청하면 다양한 이미지를 생성해드려요.
근사한 그림을 그려보셨다면 '튜토리얼 5단계' 버튼을 클릭해주세요 :)
튜토리얼 5단계 바로가기
영화 '바람과 함께 사라지다' 한 장면 그려줘
새로운대화시작
챗봇에게 메시지 보내기

AskUp
튜토리얼 5단계 바로가기
영화 '바람과 함께 사라지다' 한 장면 그려줘
AskUp
새로운대화시작
챗봇에게 메시지 보내기

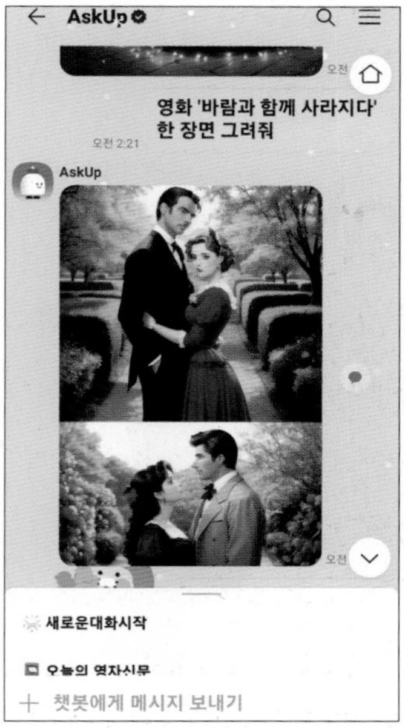
AskUp
영화 '바람과 함께 사라지다' 한 장면 그려줘
AskUp
새로운대화시작
챗봇에게 메시지 보내기

1 튜토리얼 4단계는 **[이미지 생성]**입니다. ① **[챗봇에게 메시지 보내기]**창에 ② 이미지 생성 문구를 입력합니다.

2 생성된 이미지가 보입니다.

3 다시 요청하면 다른 이미지를 생성하여 보여줍니다.

튜토리얼 5단계 바로가기
AskUp
튜토리얼 5단계 - 얼굴 변경 (5/6)
지금 바로 셀카를 찍어서 제게 보내보세요!
저는 여러분의 얼굴이 담긴 사진을 더욱 화사한 이미지로 바꾸어 드릴 수 있어요.
바뀐 이미지를 확인하셨다면 '튜토리얼 6단계' 버튼을 클릭해주세요 :)
튜토리얼 6단계 바로가기
튜토리얼 종료하기
새로운대화시작
챗봇에게 메시지 보내기

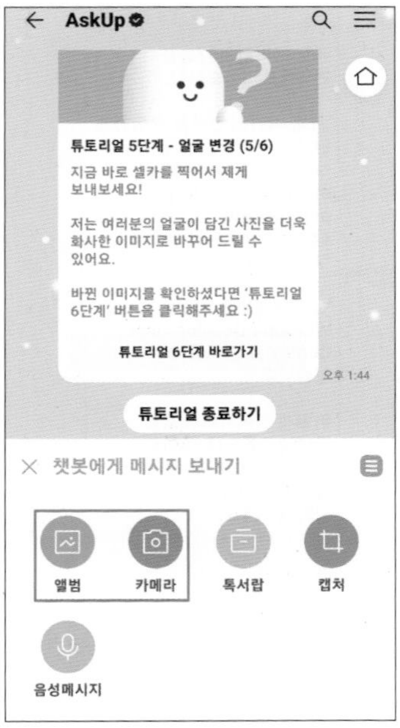
AskUp
튜토리얼 5단계 - 얼굴 변경 (5/6)
지금 바로 셀카를 찍어서 제게 보내보세요!
저는 여러분의 얼굴이 담긴 사진을 더욱 화사한 이미지로 바꾸어 드릴 수 있어요.
바뀐 이미지를 확인하셨다면 '튜토리얼 6단계' 버튼을 클릭해주세요 :)
튜토리얼 6단계 바로가기
튜토리얼 종료하기
챗봇에게 메시지 보내기
앨범
카메라
톡서랍
캡처
음성메시지

AskUp
AskUp
안녕하세요! 얼굴을 인식했습니다. 얼굴을 바꿔보고 싶으신가요?
멋있게
멋있게
새로운대화시작

1 튜토리얼 5단계는 **[얼굴 변경]**입니다. ① **[+]**를 터치합니다.

2 **[앨범]** 선택하여 갤러리에서 얼굴 사진을 불러오거나 **[카메라]**를 터치하여 셀카를 찍어 가져옵니다.

3 **[멋있게]**를 선택합니다.

AskUp
안녕하세요! 얼굴을 인식했습니다. 얼굴을 바꿔보고 싶으신가요?
여 멋있게 그려줘
새로운대화시작
챗봇에게 메시지 보내기

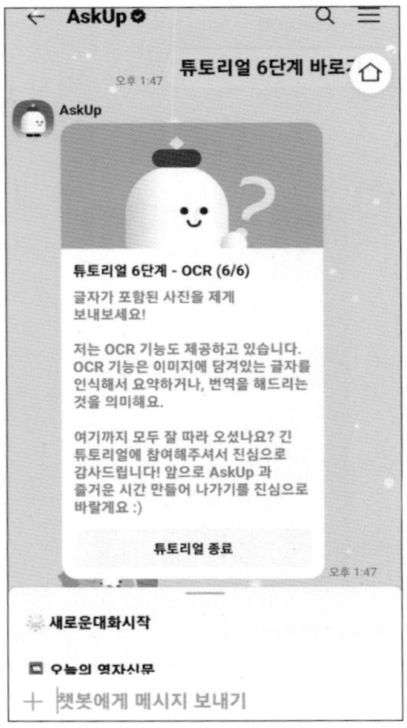
AskUp
튜토리얼 6단계 바로가
튜토리얼 6단계 - OCR (6/6)
글자가 포함된 사진을 제게 보내보세요!
저는 OCR 기능도 제공하고 있습니다. OCR 기능은 이미지에 담겨있는 글자를 인식해서 요약하거나, 번역을 해드리는 것을 의미해요.
여기까지 모두 잘 따라 오셨나요? 긴 튜토리얼에 참여해주셔서 진심으로 감사드립니다! 앞으로 AskUp 과 즐거운 시간 만들어 나가기를 진심으로 바랄게요 :)
튜토리얼 종료
새로운대화시작
챗봇에게 메시지 보내기

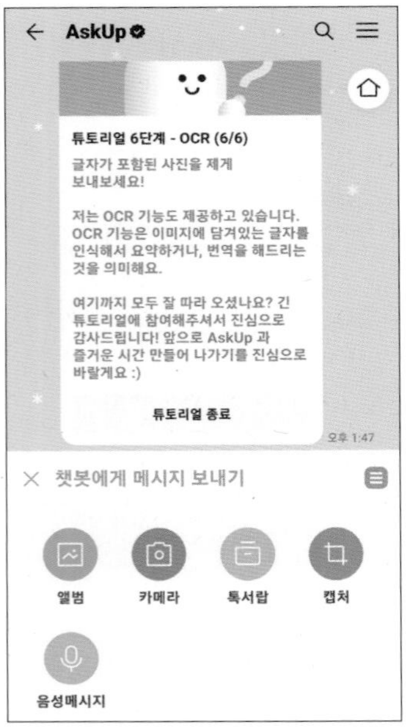
AskUp
튜토리얼 6단계 - OCR (6/6)
튜토리얼 종료
챗봇에게 메시지 보내기
앨범
카메라
톡서랍
캡처
음성메시지

1 선택한 이미지가 완성되어 나타납니다. **※ 이미지는 프로필로 활용하면 좋습니다.**

2 **튜토리얼 6단계는 [OCR]입니다.** ① **[+]**를 터치합니다.

3 **[앨범]**을 선택합니다. 갤러리에서 텍스트를 추출할 이미지를 선택하여 가져옵니다.

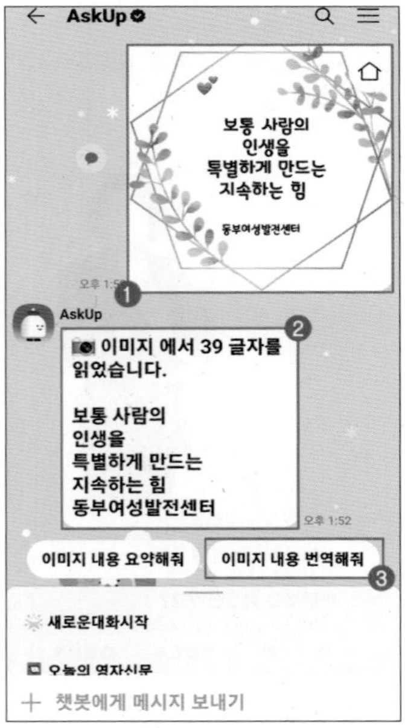
AskUp
보통 사람의 인생을 특별하게 만드는 지속하는 힘
동부여성발전센터
이미지 에서 39 글자를 읽었습니다.
보통 사람의 인생을 특별하게 만드는 지속하는 힘 동부여성발전센터
이미지 내용 요약해줘
이미지 내용 번역해줘
새로운대화시작
챗봇에게 메시지 보내기

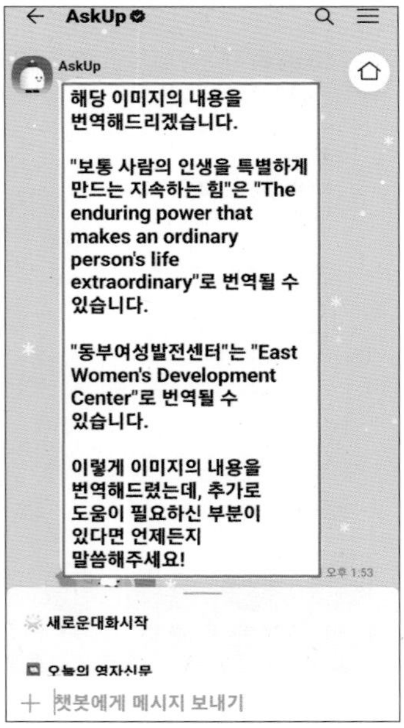
AskUp
해당 이미지의 내용을 번역해드리겠습니다.
"보통 사람의 인생을 특별하게 만드는 지속하는 힘"은 "The enduring power that makes an ordinary person's life extraordinary"로 번역될 수 있습니다.
"동부여성발전센터"는 "East Women's Development Center"로 번역될 수 있습니다.
이렇게 이미지의 내용을 번역해드렸는데, 추가로 도움이 필요하신 부분이 있다면 언제든지 말씀해주세요!
새로운대화시작
챗봇에게 메시지 보내기

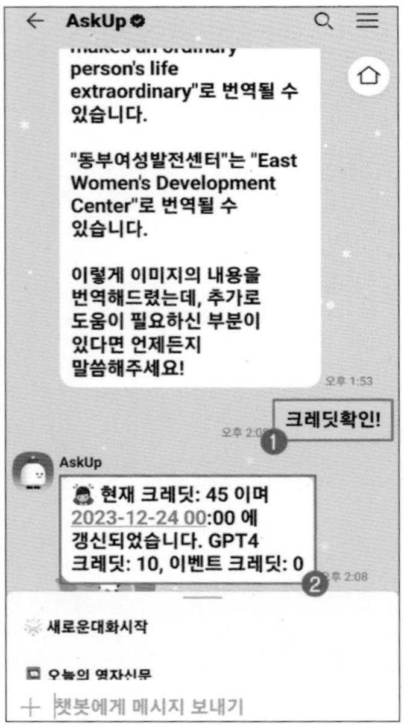
AskUp
크레딧확인!
현재 크레딧: 45 이며 2023-12-24 00:00 에 갱신되었습니다. GPT4 크레딧: 10, 이벤트 크레딧: 0
새로운대화시작
챗봇에게 메시지 보내기

1 ① 이미지에서 ② 텍스트를 추출하였습니다. ③ **[이미지 내용 번역해줘]**를 선택합니다.

2 번역된 내용입니다.

3 ① **[크레딧확인!]**를 입력하면 현재 내 AskUp 크레딧 잔량을 확인할 수 있습니다. ② 잔여 크레딧을 확인합니다. **※ 크레딧은 AskUp에게 질문할 수 있는 횟수를 의미한다.**

3 아숙업 - 활용사례

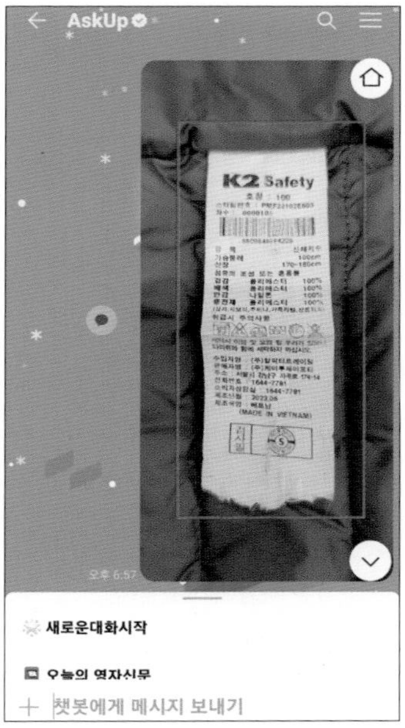

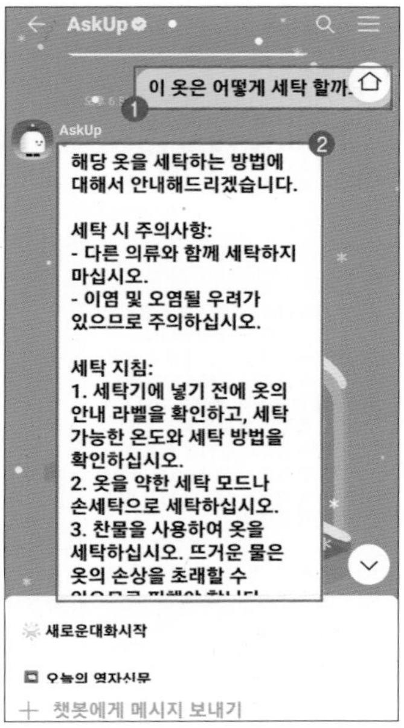

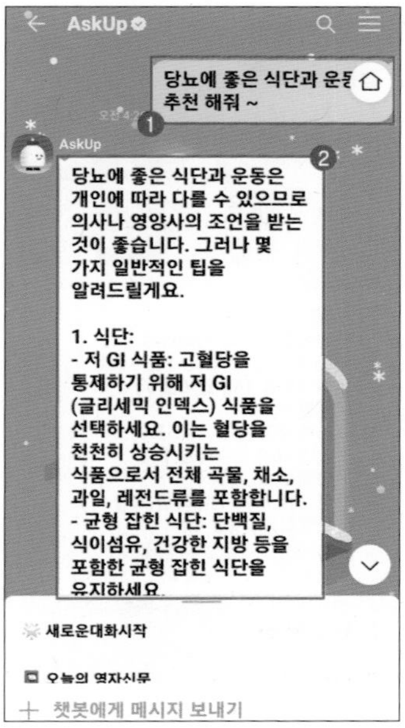

1 활용 사례 • 일상 - 옷라벨을 찍어 올리고,

3 ① 세탁 방법을 물어보면 ② 세탁 시 주의 사항을 알려줍니다.

3 활용 사례 • 건강 - ① 당뇨 식단과 운동 추천을 요청하면 ② 쉽고 빠르게 안내합니다.

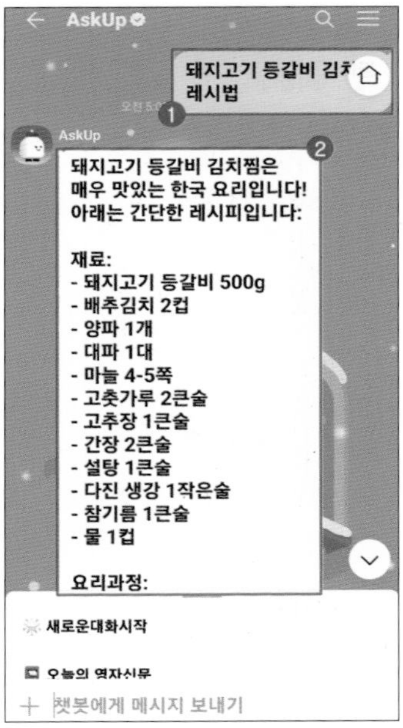

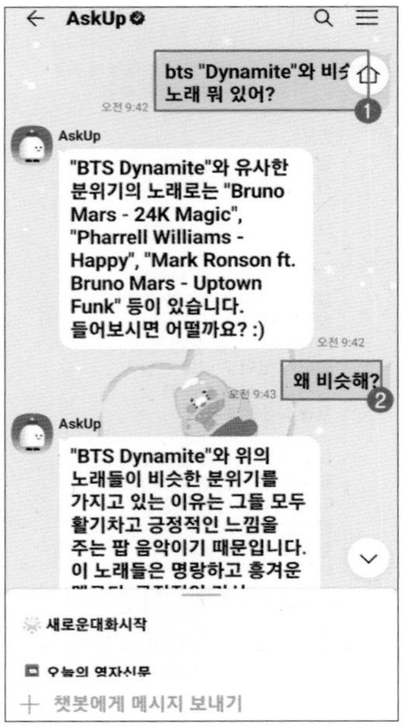

1 활용 사례 • 요리 - ① 등갈비찜 레시피를 요청하면 ② 레시피가 나옵니다.

2 활용 사례 • 학습 - ① 문제를 보여주고 ② 풀어달라고 하면 ③ 풀고 설명까지 자세히 알려줍니다.

3 활용 사례 • 여가 - ① 노래 추천을 부탁하면 추천해주고 ② 추천한 이유를 물어보면 자세히 설명해 줍니다.

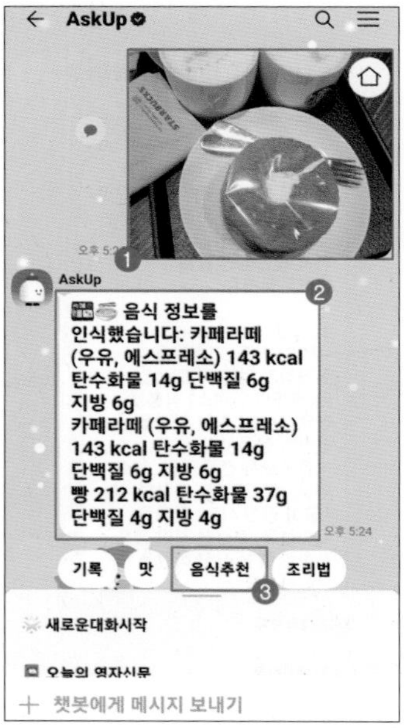
AskUp
음식 정보를 인식했습니다: 카페라떼 (우유, 에스프레소) 143 kcal 탄수화물 14g 단백질 6g 지방 6g
카페라떼 (우유, 에스프레소) 143 kcal 탄수화물 14g 단백질 6g 지방 6g
빵 212 kcal 탄수화물 37g 단백질 4g 지방 4g
기록
맛
음식추천
조리법
새로운대화시작
챗봇에게 메시지 보내기

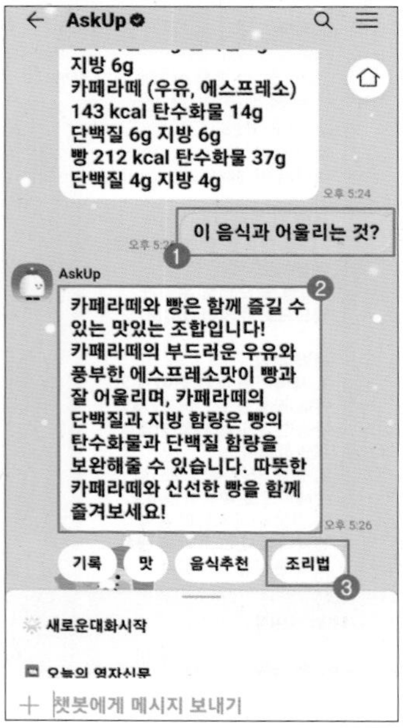
AskUp
지방 6g
카페라떼 (우유, 에스프레소) 143 kcal 탄수화물 14g 단백질 6g 지방 6g
빵 212 kcal 탄수화물 37g 단백질 4g 지방 4g
이 음식과 어울리는 것?
카페라떼와 빵은 함께 즐길 수 있는 맛있는 조합입니다! 카페라떼의 부드러운 우유와 풍부한 에스프레소맛이 빵과 잘 어울리며, 카페라떼의 단백질과 지방 함량은 빵의 탄수화물과 단백질 함량을 보완해줄 수 있습니다. 따뜻한 카페라떼와 신선한 빵을 함께 즐겨보세요!
기록
맛
음식추천
조리법
새로운대화시작
챗봇에게 메시지 보내기

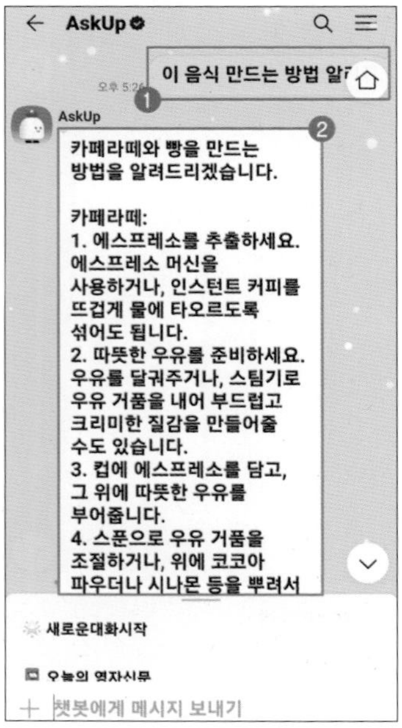
AskUp
이 음식 만드는 방법 알
카페라떼와 빵을 만드는 방법을 알려드리겠습니다.
카페라떼:
1. 에스프레소를 추출하세요. 에스프레소 머신을 사용하거나, 인스턴트 커피를 뜨겁게 물에 타오르도록 섞어도 됩니다.
2. 따뜻한 우유를 준비하세요. 우유를 달궈주거나, 스팀기로 우유 거품을 내어 부드럽고 크리미한 질감을 만들어줄 수도 있습니다.
3. 컵에 에스프레소를 담고, 그 위에 따뜻한 우유를 부어줍니다.
4. 스푼으로 우유 거품을 조절하거나, 위에 코코아 파우더나 시나몬 등을 뿌려서
새로운대화시작
챗봇에게 메시지 보내기

1 **활용사례 • 칼로리** ① 사진 속 이미지에서 ② 음식 정보를 알려줍니다. ③ 어울리는 **[음식추천]**을 터치합니다.

2 ① 선택 질문이 쓰여지고 ② 카페라떼와 빵 어울림을 설명합니다. ③ **[조리법]**을 터치합니다.

3 ① 선택 질문이 쓰여지고 ② 카페라떼와 빵 만드는 방법을 설명합니다.

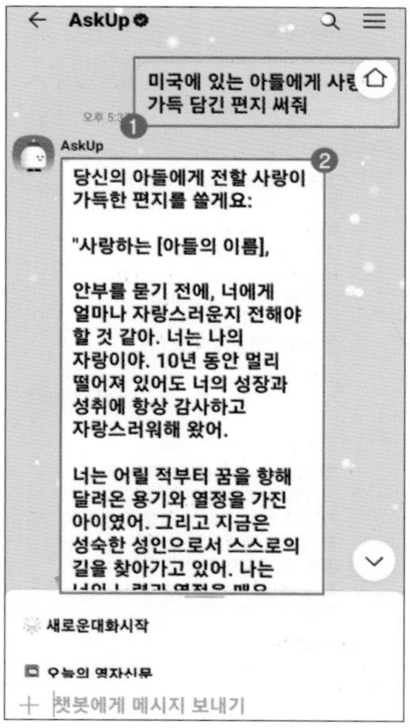
AskUp
미국에 있는 아들에게 사랑 가득 담긴 편지 써줘
당신의 아들에게 전할 사랑이 가득한 편지를 쓸게요:
"사랑하는 [아들의 이름],
안부를 묻기 전에, 너에게 얼마나 자랑스러운지 전해야 할 것 같아. 너는 나의 자랑이야. 10년 동안 멀리 떨어져 있어도 너의 성장과 성취에 항상 감사하고 자랑스러워해 왔어.
너는 어릴 적부터 꿈을 향해 달려온 용기와 열정을 가진 아이였어. 그리고 지금은 성숙한 성인으로서 스스로의 길을 찾아가고 있어. 나는
새로운대화시작
챗봇에게 메시지 보내기

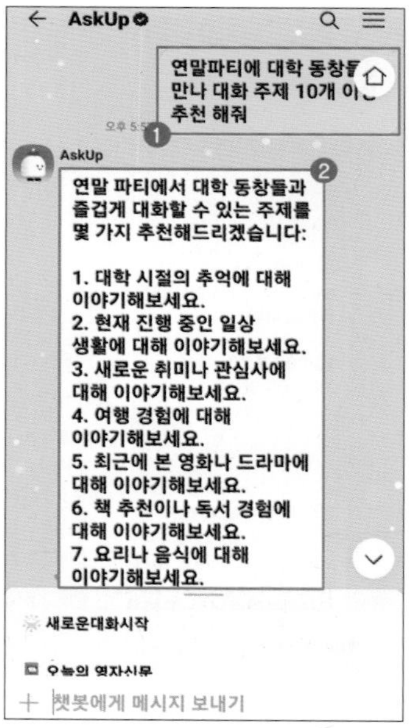
AskUp
연말파티에 대학 동창들 만나 대화 주제 10개 추천 해줘
연말 파티에서 대학 동창들과 즐겁게 대화할 수 있는 주제를 몇 가지 추천해드리겠습니다:
1. 대학 시절의 추억에 대해 이야기해보세요.
2. 현재 진행 중인 일상 생활에 대해 이야기해보세요.
3. 새로운 취미나 관심사에 대해 이야기해보세요.
4. 여행 경험에 대해 이야기해보세요.
5. 최근에 본 영화나 드라마에 대해 이야기해보세요.
6. 책 추천이나 독서 경험에 대해 이야기해보세요.
7. 요리나 음식에 대해 이야기해보세요.
새로운대화시작
챗봇에게 메시지 보내기

AskUp
새로운 대화를 시작합니다.
타지마할 그려줘
새로운대화시작
챗봇에게 메시지 보내기

1 ① 안부 편지를 요청합니다. ② 사랑 가득 편지가 완성되었습니다.

2 ① 대화 주제를 부탁합니다. ② 대화 주제가 작성되었습니다.

3 대화 주제를 바꿀 때는 꼭 ① **[새로운대화시작]**을 터치하고 질문을 시작합니다. ② **[타지마할 그려줘]**라고 입력합니다. ③ 멋진 타지마할 그림입니다.

④ 아숙업 - 활용팁

질문 앞에 [?]로 대화를 시작하면 해당 질문에 관한 정보를 검색하여 답변합니다.

[?] 붙이면 잘하는 것	[?] 안 붙였을 때 잘하는 것
▶ **? 를 사용한 검색은 최신 정보 기반** • ? 무인도의 디바 내용 요약 • ? 강남 맛집 추천 • ? 포노사이피엔스가 뭐야 • ? 머신러닝 설명 요약 ▶ **더 자세한 정보를 알아보기 위해 링크를 첨부해줬으면 할 때**	▶ **기존 질문은 2021년 9월까지 전 세계에서 모은 지식 기반** • 행복해로 삼행시 지어줘 • 오늘 만나는 소상공인 홍보 담당자랑 • 이야기할 대화 추천해줘 • 4주 코어 강화 운동 루틴 짜줘. 스트레칭으로 시작해서 스트레칭으로 끝나면 좋겠어.

- 질문 앞에 [!]로 대화를 시작하면 **GPT-4 기반**으로 질문에 답합니다.
- 답변 앞에 [**#GPT4**] 달려 있다면 [**GPT-4**]가 생성한 답변입니다.
- **하루 동안 GPT-3.5 기반은 100건, GPT-4 기반은 10건 무료 답변**을 제공합니다.
- **이미지에 있는 글은 한 번에 1000자 이하로 인식되므로 긴 글은 나누어** 인식시킵니다.

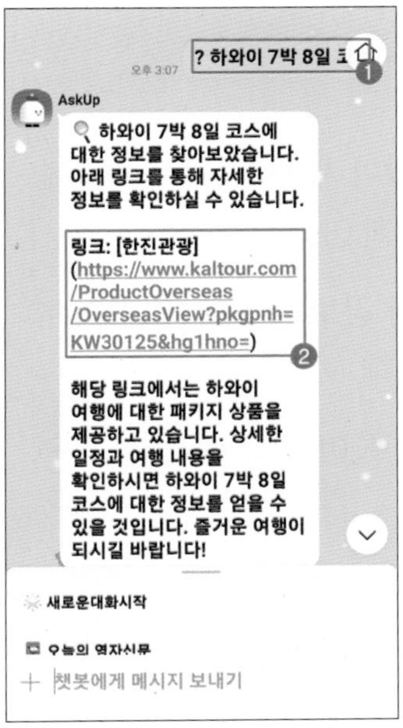
? 하와이 7박 8일 코
AskUp
하와이 7박 8일 코스에 대한 정보를 찾아보았습니다. 아래 링크를 통해 자세한 정보를 확인하실 수 있습니다.
링크: [한진관광] (https://www.kaltour.com/ProductOverseas/OverseasView?pkgpnh=KW30125&hg1hno=)
해당 링크에서는 하와이 여행에 대한 패키지 상품을 제공하고 있습니다. 상세한 일정과 여행 내용을 확인하시면 하와이 7박 8일 코스에 대한 정보를 얻을 수 있을 것입니다. 즐거운 여행이 되시길 바랍니다!
새로운대화시작
챗봇에게 메시지 보내기

한진관광
www.kaltour.com
마일리지 호캉스
전세기
크루즈
골프
[사전발권특가] 시애틀 승선 알래스카 크루즈 10일
구분
성인(만12세이상)
기본상품가격
4,990,000원

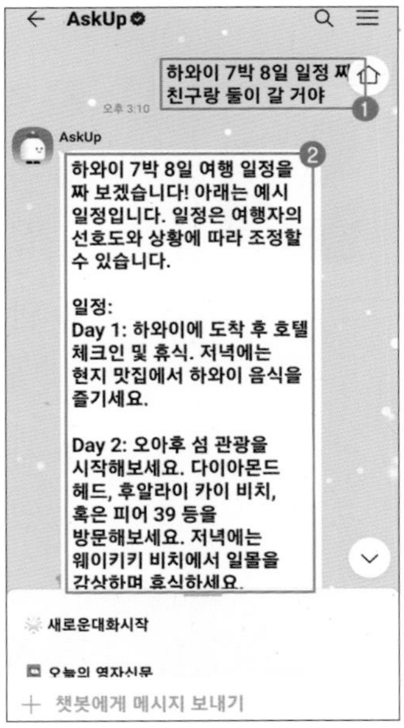
AskUp
하와이 7박 8일 일정 짜 친구랑 둘이 갈 거야
AskUp
하와이 7박 8일 여행 일정을 짜 보겠습니다! 아래는 예시 일정입니다. 일정은 여행자의 선호도와 상황에 따라 조정할 수 있습니다.
일정:
Day 1: 하와이에 도착 후 호텔 체크인 및 휴식. 저녁에는 현지 맛집에서 하와이 음식을 즐기세요.
Day 2: 오아후 섬 관광을 시작해보세요. 다이아몬드 헤드, 후알라이 카이 비치, 혹은 피어 39 등을 방문해보세요. 저녁에는 웨이키키 비치에서 일몰을 감상하며 휴식하세요.
새로운대화시작
챗봇에게 메시지 보내기

비슷한 질문에 대해 [?]를 붙이고 안 붙이고의 차이

1 ① [**? 하와이 7박 8일 코스**]로 질문하면 실제 다녀온 여행 코스에 대해 검색 ② 링크를 터치하면

2 여행을 예약할 수 있는 창이 열립니다.

3 ① **물음표 없이 질문을 하면** ② **여행 코스 아이디어 제공 및 창의적인 코스을 짜줍니다.**

37강 유용한 사이트 소개

1 스마트쉼센터

- 인터넷, 스마트폰 과의존으로 어려움을 겪고 있는 사람들을 위해 과의존 진단을 받을 수 있으며 상담이 필요한 경우 온라인 상담 및 센터내방상담, 가정방문상담으로 도움을 주는 센터입니다.
- 기관에서 예방교육을 신청할 수 있으며 자료실에서 콘텐츠 교육자료, 상담사례를 참고할 수 있습니다.
- 스마트폰 과의존 상담 전문인력을 양성하고 전국에 18개 스마트쉼센터가 운영되고 있습니다.

2 스마트초이스

- 통신서비스 이용자에게 통신요금, 통신서비스 관련 정보를 알기 쉽고 체계적으로 제공하기 위해 한국 통신사업자 연합회에서 운영하는 통신요금 정보포털 사이트입니다.
- 이동전화 요금제 추천과 요금 할인 단말기 지원금 조회, 분실·도난 단말기 조회, 통신 미환급금 조회 등을 확인할 수 있으며 eSIM이 탑재된 스마트폰도 가입, 해지, 번호이동이 가능합니다.

3 경찰청 사이버캅

- 검색창에 전화번호(계좌번호, 이메일)를 입력하여 상대방이 사이버사기로 경찰에 신고되어 있는지 확인할 수 있습니다. (최근 3개월동안 3회 이상 신고)
- 안전거래 결제 전 사이트, 계좌를 확인할 수 있고 피해 경보를 통해 최근 이슈 내용을 확인하고 신종 범죄 예방에 대한 정보를 제공합니다.
- 사이버 범죄 신고(상담)이 가능하며 예방교육신청을 하여 교육을 받을 수도 있습니다.

4 시티즌 코난

- 스마트폰의 보이스피싱에 악용되는 악성앱을 탐지하기 위한 악성앱 순간 탐지기로 경찰대학 치안정책연구소와 ㈜인피니그루에서 개발하고 공동 운영하고 있습니다.
- 전화 가로채기앱, 금융기관 사칭앱, 경찰/검찰 등의 공공기관 사칭앱, 의료 사칭앱, 택배/쇼핑 사칭앱, 몸캠 악성앱 등을 실시간으로 탐지 가능하며 미설치된 악성파일(.apk/ .zip)의 탐지 및 삭제도 가능합니다.

5 피싱아이즈

피싱아이즈는 금융 보이스피싱 탐지 및 예방 솔루션으로서 시티즌코난(피싱아이즈 폴리스)과 함께 운영되고 있습니다. 피싱아이즈는 경찰청 및 제휴된 금융사와 다양한 유형의 피싱에 대해 실시간적으로 공동 대응함으로써, 피싱범의 4대 현혹 행위(악성 앱, 원격제어 앱, 문자, 카카오톡)와 5대 갈취 채널(APP, WEB, ARS, ATM, 창구)로부터 보이스피싱을 예방하는 국내 유일의 "보이스피싱 민관 공동 대응망 서비스" 입니다. 피싱아이즈는 경찰대학 치안정책 연구소와 함께 운영하는 시티즌코난(=피싱아이즈 폴리스)과 함께 운영됩니다.

6 더치트(thecheat.co.kr)

더치트는 2006년 1월 4일 비영리로 개설된 국내 최초의 사기피해 정보공유 사이트이며, 사기피해사례 공유를 통한 사기피해 재발방지 및 피해자 간 공동대응을 목적으로 운영되고 있습니다. 모바일 앱도 이용할 수 있습니다.

중고거래 특성상 소액의 경우 수수료가 아까워서 그냥 선입금을 해 버리는 경우가 있는데 그러면 중고 사기의 위험성이 높아집니다. 이와 같은 중고거래 사기이를 막기 위해서 제공되는 서비스가 바로 더치트입니다. 더치트는 문제가 있는 사용자의 이름이나 아이디 휴대폰 번호로 계좌번호 등을 공유하는 사이트라고 합니다. 피해자들의 자발적 신고로 데이터베이스가 쌓여 있기 때문에 신뢰도가 높은 편입니다. 그럼에도 불구하고 등록된 데이터가 없는 경우도 있어서 주의를 필요로 합니다.

더치트를 이용하더라도 모든 피해를 막거나 확인이 불가능한 경우도 있기 때문에 안심할 수는 없습니다. 가급적 지역 주민과 바로 직거래할 수 있는 플랫폼 이용을 권장합니다. 꼭 택배를 통한 중고거래를 해야겠다면 앞서 언급한 것처럼 더치트를 통해 먼저 조회를 해보시는게 좋습니다.

만약 판매자가 선입금을 하라고 하면 입금은 절대 하지 말고 에스크로 또는 네이버페이 등 안전거래를 이용하도록 합니다. 물론 수수료는 구매자가 부담하는 조건으로 제시하면 웬만해선 판매자도 오케이 합니다. 때문에 안전 거래를 하는 것이 좋습니다.

7 건강e음

건강보험심사평가원의 모바일 앱 서비스인 『건강e음』은 기관 홈페이지(www.hira.or.kr)의 주요 조회·신청서비스를 모바일 환경에서 쉽고 편리하게 이용할 수 있도록 구성하였습니다.

● 건강e음 주요서비스

※ **비급여 진료비 정보:** 의료기관에서 제출한 비급여 진료비용의 가격 등을 확인하여 공개함으로써, 해당 의료기관의 적정한 비급여 제공과 의료기관을 이용하는 환자의 합리적인 선택을 돕습니다.

※ **내 진료정보 열람:** 내가 낸 진료비, 총 진료비 등과 진료내역, 처방조제내역 등의 정보를 확인할 수 있습니다.

※ **나의 건강수첩:** 올 한해의 한방 추나요법, 치과 스케일링, 물리치료, 응급진료, 방사선단순영상 촬영 횟수 등 나의 의료이용 정보를 확인할 수 있습니다.

8 응급 의료 정보제공

보건복지부는 응급의료 수요 증가 및 급변하는 IT(정보기술) 환경에 부응하기 위하여 스마트폰을 이용한 응급의료 관련 정보제공을 시작합니다.

● [응급의료정보제공 앱 주요 기능]

※ 지도 중심으로 실시간 진료 가능한 병원 찾기

- 내 위치를 중심으로 주변 병의원 및 약국을 검색할 수 있습니다.

※ 즐겨찾기로 자주 가는 병의원 및 약국 모아 보기

- 자주 가는 병원을 즐겨찾기에 등록하고, 등록된 병원의 상세정보를 빠르게 찾을 수 있습니다.

※ 응급실 상황 한눈에 보기

- 현재 위치를 기반으로 각 응급실의 세부 상황을 한눈에 파악할 수 있습니다.

※ 야간/주말 진료 가능한 병원 찾기

- 야간이나 주말에 현재 운영 중인 병의원 및 약국을 빠르게 찾을 수 있도록 아이콘을 제공하고 있습니다.

※ 현 위치 중심으로 내 주변 AED 찾기

- 내 주변에 있는 AED(자동 심장 충격기)를 빠르게 찾을 수 있고, 점검 상태를 알 수 있습니다. (60일 이내 점검 여부)

※ 명절 응급의료기관(휴일지킴이약국)찾기

- 명절 시기에 운영하는 병의원 및 약국을 조회할 수 있습니다.